Niemandmensch
Bericht einer Gedemütigten

Aufgeschrieben von
Claus Stephani

Deutscher
Taschenbuch
Verlag

dtv

Von Claus Stephani
ist im Deutschen Taschenbuch Verlag erschienen:
Frauen im Wassertal (11255)

Originalausgabe
September 1992

Umschlaggestaltung: Celestino Piatti
Umschlagzeichnung: Museo Civico, Torino (Felice
Casorati: Schlafendes Mädchen, 1927)
Gesamtherstellung: C. H. Beck'sche Buchdruckerei,
Nördlingen
Printed in Germany · ISBN 3-423-30324-7

Das Buch

»Seit fünfzig Jahren leb ich mit dieser Angst, der Angst vor dem Vater, dem Stiefvater. Nachts, wenn alle schlafen, dann erscheint er wieder, der Mann, der mir so viel Furcht eingejagt hat, daß ich von ihm nicht mehr loskommen kann, und wenn ich morgens bete, bitt ich Gott, er soll ihn fernhalten von mir, aber dann ist er nach einigen Tagen wieder da, nachts, wenn alle schlafen und wenn es so still ist, daß man hört, wie die Mäuse am Dachboden pfeifen.« Schier unvorstellbar sind das Leid, die Angst und die Einsamkeit, die das Leben der heute siebzigjährigen Anna kennzeichnen. In ihrer kargen und poetischen Sprache gibt die deutschstämmige Rumänin zu Protokoll, wie sie vom Stiefvater mißbraucht, von der Mutter als Dreizehnjährige fortgeschickt, von der Großmutter als Arbeitskraft ausgebeutet, vom Onkel vergewaltigt wird. Sie erzählt, wie sie in Oberwischau, einem kleinen Dorf in Rumänien, wo sie noch heute lebt, als »Mansr«, als uneheliches Kind, zum Gespött der Dorfbevölkerung wird, berichtet von bitterer Armut und von wenigen glücklichen Jahren. Es ist ein Buch, das einen Blick in eine andere Welt gestattet – eine archaische Welt, die man längst untergegangen glaubt und deren authentische Schilderung den Leser gerade deshalb nicht unberührt lassen wird.

Der Autor

Claus Stephani wurde am 25. Juli 1938 in Kronstadt/Siebenbürgen geboren. Er hat sich intensiv mit Geschichte, Kunst und Mythologie der rumäniendeutschen Bevölkerungsgruppen befaßt. Er erhielt drei rumänische Schriftstellerpreise. In deutscher Sprache sind u. a. erschienen: ›Frauen im Wassertal‹ (1990), ›War einer Hersch, Fuhrmann‹ (1990), ›Märchen der Rumäniendeutschen‹ (1991).

Vorbemerkung

Eine Frau trägt die Bürde ihrer Erfahrungen durchs Leben. Im Vorgespräch zu diesen Aufzeichnungen sagt sie dazu: »Das hat mich all die Jahre nieder'drückt.«

Daraus ergibt sich die Frage: Inwieweit sind Erfahrungen eine Bürde? Sind sie nicht vielmehr eine Bereicherung? Es heißt doch, jemand sei reich an Erfahrung, oder es gibt Leute, die tauschen ihre Erfahrungen aus, und sie meinen, aus Erfahrungen etwas gelernt zu haben.

Für diese Frau, die hier ihre Lebensgeschichte erzählt, bedeuten aber Erfahrungen nicht Wissen, Bereicherung; ihre Erfahrungen sind Ängste, Träume, Scham, die sie verfolgen. Sie hat viel »erfahren«, doch für die Erzählungen einer Gedemütigten gibt es keine Zuhörer, die Geschichte vom Niemandkind ist kein Thema – nicht einmal der eigene Mann will sie hören.

Trotzdem versucht sie eines Tages, sich freizureden, sich freizuerzählen, sich jemandem mitzuteilen; und so beginnt die Geschichte vom Niemandkind, das heute noch von der Vergangenheit gequält wird. Die Erzählerin bricht das jahrzehntelange Schweigen und wagt den Versuch, die Last des Erlebten eine Erzählung lang abzulegen.

Es ist das Erinnerungsgespräch einer Frau, die auch heute noch unauffällig durchs Leben geht – und auch anonym bleiben will –, es ist eine Frau, nach der sich auf der Straße kein Mann umdreht, weil sie weder schön noch häßlich ist.

Ein Niemandmensch.

Sind wir aber nicht in mancher, in vieler, in jeder Hinsicht *auch* Niemandmenschen? Wieviel »Niemandheit« können wir uns selbst eingestehen, zubilligen, wieviel »Niemandheit« können wir – auf uns selbst bezogen – akzeptieren und verkraften?

»Wenn du älter wirst, schaust du immer öfters zurück, weil *vor dir* gibt es nicht mehr viel zu sehn, das Leben hat bald ein Eck«, es ist bald zuende, sagt die Erzählerin. Das heißt, je älter man wird, um so mehr holen einen die Erinnerungen ein, und diese Erinnerungen sind das, was man Lebenserfahrung nennt: für den einen vielleicht Erlebnisse, schön wie Ansichtskarten, unvergeßlich, Tage voller Glanz – für den anderen ist es der Vogel Schmerz, jenes dämonische Wesen der Zipser Volksmythologie, das einen wie ein Schatten verfolgt, Symbol für Unheil, Furcht, Trauer.

Diese Erinnerungen oder Erfahrungen sind ein Teil der Lebensgeschichte, ein Stück Wirklichkeit, das in immer weitere Ferne rückt. Doch nicht weit genug, um in Vergessenheit zu geraten. Denn nachts sind sie wieder da, wie ein »dunkles Tier«, machen der Erzählerin angst, lassen sie nicht zur Ruhe kommen.

Im Massengrab Alltag, in der Alltagswirklichkeit hat die Erzählerin, gedemütigt und hilflos, ihre Kindheit verloren. Der Bedrohung durch diese Erinnerung versucht sie Herr zu werden, indem sie die Dinge beim Namen nennt und auf ihren Vater und jene Menschen weist, deren Schatten so bedrückend gegenwärtig sind.

Jede Lebensgeschichte ist Teil der Geschichte oder in jede Lebensgeschichte sind Teile der Geschichte verwoben; biographische Erfahrungen, Lebenssituationen beziehen immer auch kollektives Geschehen ein, so auch der folgende Bericht: Krieg, Deportation, Vernichtung, Überlebenmüssen gehören sowohl zum Alltag der Namenlosen als auch zum Weltgeschehen.

Und so steht die Biographie dieser unbekannten Frau am Rande großer Ereignisse, und ihre Stimme, die in unsere Sprache nicht paßt, erreicht uns – aus dem fernen Marmatien, über ein Niemandland hinweg, das uns trennt, das uns verbindet.

München, Sommer 1992 Claus Stephani

Niemandmensch

Seit fünfzig Jahren leb ich mit dieser Angst, der Angst vor dem Vater, dem Stiefvater, denn meinen richtigen Vater hab ich ja nie gekannt, der Stiefvater aber ist schon längst tot, vergessen, niemand denkt mehr an ihn, außer mir; tagsüber hab ich viel Arbeit überm Kopf, so daß auch ich an nichts denken kann, aber nachts, wenn alle schlafen dann erscheint er wieder, der Mann, der mir soviel Furcht eingejagt hat, daß ich von ihm nicht mehr loskommen kann, und wenn ich morgens bete, bitt ich Gott, er soll ihn fernhalten von mir, aber dann ist er nach einigen Tagen wieder da, nachts, wenn alle schlafen und wenn es so still ist, daß man hört, wie die Mäuse am Dachboden pfeifen.

In den letzten vierzig Jahren hab ich oft daran gedacht, daß ich einmal jemandem dieses erzählen muß, die Geschichte meines Lebens, aber ich hab niemanden gefunden, der Zeit hatte, mir zuzuhören, mein erster Mann ist immer bald eingeschlafen, wenn ich damit begann, der zweite sagte »Tes ßein Kaßkaner«, also Lügenmärchen, und lachte mich aus, ja, und dann dachte ich, es wird wohl niemand mehr kommen, dem ich das erzählen kann, und ich werd auch nicht sagen, dies ist die Geschichte meines Lebens, denn Geschichten sind ja meist frei erfundene Begebenheiten, so, zum Unterhalten, und viel Wahres ist auch nicht dran, aber das, was ich erlebt hab, ist wahr, es ist alles wirklich geschehn, und jetzt, im Alter, nachdem ich in Rente gegangen bin, fürchtete ich mich nicht mehr davor, daß jemand mich vielleicht auslachen könnte, ja, jetzt bin ich so frei, daß ich darüber sprechen kann, und jetzt hab ich auch keine Angst mehr, was die Leut sagen werden, jetzt nicht!

Ich weiß nicht, warum, aber ich fühl es, daß jetzt die Angst nicht mehr in mir sitzt. Es ist nämlich so, daß man jahrelang, in meinem Fall sind es genau fünfundvierzig Jahre, eine Angst in sich hat, und die frißt in dir wie ein Wurm, langsam frißt sie dich auf, und du kannst beten zu Gott, du kannst weinen und hoffen, daß sie dich in Ruhe läßt, daß du frei wirst von ihr, aber du wirst nicht frei, die Angst ist stärker, und sie hockt da, jede Nacht, wie ein dunkles Tier, wie der *Schratt*, und drückt dir die Brust ein, und du bist zu schwach um etwas dagegen zu tun, du bist schwach fünfundvierzig Jahre lang, aber da, eines Tages merkst du, daß der Augenblick da ist, wo du die Kraft hast, dich von der Angst freizusprechen, ja, freisprechen, sagt man bei uns, eine weise Frau, eine *Rußnatschka**, kann dich *be*-sprechen, aber sie kann dich auch *frei*-sprechen. Nun, bei mir war das nicht möglich, ich werd mich selbst freisprechen, und ich werd erzählen, was ich erlebt hab . . .

Zuerst aber muß ich alles erzählen, was ich von meiner Mutter weiß.

Sie war eine anständige Frau, fleißig und gut, und uns hat sie sehr geliebt, nur war sie meist viel zu müd und abgearbeitet, um diese Liebe zeigen zu können, und so hab ich manchmal gedacht, Mutter mag mich nicht, aber ich erinner mich auch heut noch an ihre gütigen dunklen Augen, wie sie einen warmen Glanz bekamen, wenn sie mich ansahen, und ich spür auch heut noch ihre rauhe rote Hand, rauh und rot vom vielen Wäschewaschen für fremde Leut, wie sie mir übers Haar strich, und wie ihre Hand dabei ein wenig zitterte; ich muß nur die Augen schließen und an Mutter denken, und schon ist die Hand da und streichelt mich einmal, nur einmal, weil Mutter es immer eilig hatte, viel zu tun hatte und auch mit ihren Liebkosungen sparsam umging.

* Am Ende dieses Buches, auf S. 148, befindet sich ein Glossar, in dem die wichtigsten Zipser Ausdrücke erklärt werden.

Meine Mutter hat geheißen Therese Hedwiga Rosnitschuk, und geboren wurde sie am 18. September 1913 in Oberwischau. Als sie zwei Jahre alt war, mußte mein Großvater, der Forstgehilfe Franz Rosnitschuk, in den Krieg ziehen, und bald danach fiel er in Serbien – mit Bauchschuß. Der Langthaler Seppi, der damals sein Kamerad war und aus dem Krieg mit einem Holzfuß heimkehrte, hat nachher erzählt, wie mein Vater geschrien hat: »Bebu! Bebu! Wu pist? Heilige Mutter Gottes, helft mir, ßoll i meine Bebu und tie klaani Reßku«, das war meine Mutter, »noch amol kinnen ßegn!« Meine Großmutter hieß Elisabeth, und Bebu ist die Zipser Kurzform. Er hat dann noch einige Zeit *klagt und waant,* wie wir sagen, und hat immer nach meiner Mutter und mir gerufen, aber dann ist er gestorben, und irgendwo in Serbien ist sein Grab, wo, das wissen wir nicht.

Als meine Großmutter ohne Mann blieb, war sie achtzehn Jahre alt und hatte niemanden auf der Welt außer der kleinen Reßku, meiner Mutter, die damals zwei Jahre alt war. Nach dem Ersten Weltkrieg gab es aber genug Witwen im Tal, manche waren sogar sechzehn, siebzehn Jahre alt, jung und hübsch, und hatten noch keine Kinder, dafür aber besaßen sie Haus und Hof, und so eine konnte unter den Kriegskrüppeln wählen, und nur den nehmen, der wirklich was taugte, die meisten aber waren froh, wenn sie gelegentlich einen Mann für eine Nacht ins Bett bekamen, und zu diesen gehörte auch meine arme Großmutter.

Obwohl sie eine sehr schöne Frau war, das kann man an den alten Fotos, die ich aufbewahre, noch erkennen, blieb sie ohne angetrauten Mann, und so wuchs meine Mutter, Reßku, ohne Vater auf. Später haben die Leute gesagt, daß in ihrem Leben darum alles so kam, wie es eben gekommen ist, weil sie Halbwaise war und meine Großmutter im Wald arbeitete, in der Baumschule, und die kleine Reßku unbeaufsichtigt blieb.

Meine Mutter war ein wunderschönes Mädchen, das kannst mir ruhig glauben, und wenn ich fremden Leuten das Foto zeig, wo sie siebzehn ist, da fragen sie »Wer ist diese Filmschauspielerin? Eine richtige Schönheit!« Und dann antwort ich: »Das war meine Mutter, die Wäscherin Reßku.«

Die Leute wundern sich: »Die und Wäscherin?!«

»Ja«, sagte ich dann, »damals, als sie dies Bild beim Fotografen Josef Fruchter in Oberwischau machen ließ, war sie noch keine Wäscherin; das kam dann ein Jahr später...«

Meine Mutter war nämlich siebzehn, als sie schwanger blieb von einem Mann, dessen Namen sie nie verraten hat. Zuerst hat sie ihre Schande verborgen, so gut es eben ging, sie trug einen weiten Rock, wie das ja früher üblich war, außerdem suchte sie alle Rußnatschki auf, die sich mit Abtreiben befaßten, sie trank literweise bitteren Tee, sie badete sehr heiß im Holzzuber, wenn Großmutter im Wald war, arbeiten, sie versuchte alles, was man so macht, um ein Kind abzutreiben, aber nichts konnte die Schwangerschaft unterbrechen. Sie ging natürlich auch in die Kirche und weinte lang bei der heiligen Mutter Gottes, denn die hätte sie verstehen können. Ein einziges Mal hatte sie etwas mit einem Mann gehabt, und dann blieb es hängen, wie man bei uns sagt. Großer Gott, was meine arme Mutter nicht alles getan hat, sie wollte einmal sich selbst was hineinstecken, um das Kind herauszukratzen, sie hat dann furchtbar geblutet, sie wäre auch verblutet, aber eine Nachbarin kam zufällig vorbei und brachte dann einen Kräutersud, der Blutungen stillt, denn damals gab es allerhand solche Hausmittel, und die Frauen versuchten sich, wie sie konnten, selbst zu helfen. Diese Nachbarin, sie hieß Tintschi Enggässer, sagte dann: »Reßku, wannst nochamol ßowas machst, nemmt tich gleich ter Tajbu!« Zum Glück war damals meine Großmutter fünf Tage fort, und in dieser Zeit konnte sich meine Mutter vom Blutverlust ein bißchen erholen.

Aber es hatte sich schon herumgesprochen, daß sie schwanger war, und die alten Weiber zeigten mit dem

Finger auf sie und schimpften: »Kurwe! A Schand a ßo a junges Marl und is schunt a Kurwe!« Und manch eine warf mit Steinen nach ihr. Die jüngeren Frauen hatten selbst Ähnliches durchgemacht und waren weniger bös zu ihr, vielleicht bedauerten sie sie auch, aber keine durfte offen Anteilnahme zeigen. Die meisten hatten nach dem achten, zehnten oder vierzehnten Kind versucht, weitere Schwangerschaften zu unterbrechen, aber das durfte niemand wissen, und darüber sprach man nicht.

Sogar die Kinder liefen ihr auf der Gasse nach und riefen: »Tie Reßku kriegt a Mansr! Tie Reßku kriegt a Mansr! Ter Vatr ist ter Tajbu! Ter Vatr is ter Tajbu!« Dann warfen sie mit Erdklumpen oder Steinen nach ihr, manchmal auch mit Kuhdreck – so hat mir Mutter erzählt.

Einmal, es war an einem Sonntag, ist sie zur Kirche gegangen, aber sie sah schon ziemlich *tüchtig*, das heißt rundlich aus, und so hatte sie einen sehr weiten Rock angezogen, aus der Kleidertruhe meiner Großmutter; die war am Wochenende oben im Wald geblieben, wahrscheinlich wegen einem Mann. Sie ging also zur Frühmesse, weil sie meinte, daß dann weniger Leut auf der Straße sind, und kam auch unbehelligt in die Kirche. Nach dem Gottesdienst saß sie im Beichtstuhl und weinte, weil sie nicht mehr wußte, wie es nun weitergehn soll. Der Priester, Hochwürden Wilhelm Komka, ich hab ihn auch noch gekannt, sagte, sie soll beten, denn wenn Gott zugelassen hat, daß das Kindl gemacht wird, so wird er auch helfen, daß es auf die Welt kommt und ein christlicher Mensch wird. So ähnlich hat Hochwürden Komka zu ihr gesprochen, jedenfalls hat meine Mutter mir das einmal erzählt. Dann hat er ihr gesagt, wenn sie in Not ist und Hilfe braucht, soll sie zu ihm ins Pfarrhaus kommen, es wird sich für sie schon eine Arbeit finden. Bis dann hatte nämlich meine Mutter die Wirtschaft geführt, auf Schwein, Hühner und Kuh gesorgt, den Gemüsegarten gejätet, Kartoffeln gehackt, wir hatten ein kleines Feld oben auf dem Zweiten Berg, Heu gemacht, ja, alles, was eine Bäuerin so tun muß.

Als meine Mutter nach der Beichte aus der Kirche trat, standen draußen so etwa zehn alte Weiber und auch ein Mann war darunter, und bildeten zwei Reihen, zwischen denen sie durchgehn mußte. Sie nahm ihren ganzen Mut zusammen und wollte sich schnell an ihnen vorbeidrükken, da hagelte es plötzlich Fäuste auf sie, und einige traten sie sogar mit den Füßen in den Unterleib. »Kurwe! Kurwe!« Und dabei spuckten sie ihr ins Gesicht! »Loßt mich los! I hab eich nix macht!« schrie meine Mutter und versuchte verzweifelt, die Schläge abzuwehren, aber vergeblich, sie konnte nicht loskommen, man hielt sie fest und schlug ihr auf Brüste und Bauch.

Plötzlich stand Hochwürden Komka in der Kirchentür und rief: »Hej!«

Nun verschwanden die Leut, so schnell sie konnten, und meine Mutter taumelte zu einer Steinbank, die dort stand, wo heute das Heldendenkmal aus dem Ersten Weltkrieg ist. Sie setzte sich nieder und heulte, es waren weniger die Schmerzen, als die Schand, die Tatsache, daß man sie öffentlich geschlagen, angespuckt und beschimpft hatte, das tat mehr weh, als Fausthiebe und Fußtritte.

Der Pfarrer sagte auf madjarisch, denn in der Öffentlichkeit redete er nur in dieser Sprache, sie soll ein bißchen ins Haus kommen und sich wieder zurechtmachen. So ging meine Mutter ins Pfarrhaus, das gleich neben der Kirche steht, und dort führte sie der Pfarrer in die Küche, reichte ihr ein Handtuch und sagte, sie soll sich im *Lawor* das Gesicht waschen und sich dann abtrocknen. Sie wusch sich das Gesicht, er stand daneben, dann trocknete sie sich ab, gab ihm das Handtuch zurück und dankte. Er aber nahm ihre Hand und streichelte sie: »Arme Reßku, armes Kind Gottes«, sagte er, streichelte weiter ihre Hand und streichelte auch einmal wie zufällig ihren Busen, sie hatte sehr schöne Brüste, nicht zu groß, aber sehr fest und ein bißchen spitz, das kann man auf dem Foto sehen, das ich aufbewahre.

Nun, meine Mutter, siebzehn Jahre alt, zur *Kurwe* gestempelt, beschimpft und geschlagen, war ein wenig verwirrt: Sie wußte nicht, wie sie sich benehmen sollte, und sie konnte es auch nicht recht glauben, daß der Pfarrer, ausgerechnet der Pfarrer, zudringlich wurde. Als er aber ihre Brüste anfaßte und sie hinüber zum Küchentisch drängen wollte, merkte sie plötzlich, was ihr bevorstand, und stieß ihn beiseite, sie war schlank und hatte eine gute Figur, ein sehr schönes Mädchen war sie, ja, und von der schweren Feldarbeit hatte sie auch viel Kraft bekommen, sie stieß also den Pfarrer beiseite und lief hinaus. Er aber rief ihr nach: »Ter Tajbu wird tich nemmen, in tie Hell wirst kummen!«

Meine Mutter lief durch die Herrengasse, die frühere Sägewerkgasse, wo damals beinahe nur Juden wohnten, und so begegnete sie auch keinen Zipsern, die zur Kirche gingen, vorbei an den jüdischen Geschäften, hinüber zur Wischau, zum Wehr, wo das Sägewerk war, hier wollte sie ins Wasser springen und Schluß machen, »i hab wollen machn a Eck mit mein Lebn«, hat sie später gesagt. Sie kam zum Fluß und dachte, daß am Sonntagmorgen dort keine Menschen sind, und da hatte sie sich aber geirrt, denn die Juden hatten ja am Samstag ihren Ruhetag gehabt, und so hockte dort eine ganze Reihe jüdischer Frauen am Wasser und prackten Wäsche, sie schwatzten und lachten, so, wie das Wäscherinnen tun, und als sie meine Mutter sahen, rief eine: »Na, Madl pist kummen, ßollst helfen pei ter Wäsch?« Meine Mutter erwiderte nichts, sie ging langsam zum Fluß und wollte unbemerkt auf das Wehr steigen und von dort hinunterspringen. Aber die Jüdinnen hatten wahrscheinlich ihre Gedanken erraten, sie schrien: »Kumm zurick!« Und eine von ihnen lief geschwind wie ein Wiesel hinauf auf den Damm und erwischte meine Mutter am Arm. Als sie sich losreißen wollte, haute die ihr zwei *Tetschen* herunter, und als meine Mutter spürte, daß sie wieder geschlagen wurde, begann sie zu weinen und ließ sich willenlos hinunter ans Ufer führen.

Die Jüdinnen hatten inzwischen ihre Arbeit unterbrochen, sie schrien durcheinander, sie sagten, das ist eine Sünd, wenn jemand ins Wasser geht, nur der liebe Gott darf einem das Leben nehmen, und solche Sachen sagten sie, und meine Mutter weinte und erwiderte nichts. Sie hockte sich auf einen Holzschemel, wie die Wäscherinnen damals hatten, und weinte weiter. Eine Frau fragte: »Wem ßeine pist!« Meine Mutter antwortete zuerst nicht, weil sie sich schämte, ihren Namen zu verraten. Schließlich sagte sie: »Meine Mama is tie Bebu vum Vogl-Franzi.« Vogl-Franzi war nämlich der Spitzname meines Großvaters; sein richtiger Name war Franz Rosnitschuk.

Was dann meine Mutter noch so gesprochen hat mit den Jüdinnen am Fluß, weiß ich nicht, aber sie ist dort geblieben bis zu Mittag, und dann ist sie mit der Frau, die ihr das Leben gerettet hat, mitgegangen, diese Frau hat geheißen Resa König, ihr Haus stand gleich neben der Herrengasse, im Zwischengaßl, das hinüber zum Platzl führt. Diese Resa war verheiratet, hatte aber noch keine Kinder, und dort ist meine Mutter geblieben bis am Abend. Erst als es dunkel wurde und niemand mehr auf der Gasse war, hat sie sich nach Hause geschlichen. Viele Jahre später, als sie mir dieses Erlebnis erzählte, hat sie gesagt: »Wann tu gruß pist, ßollst gehn und tie Resa paßuchn, ßollst ßagn, tu pist mein Kind!«

Als ich dann zwölf Jahre alt war und die Resa besuchen wollte, hatte man sie kurz vorher fortgeführt, und das Haus stand leer.

Vier Tage lang wagte sich meine Mutter nicht mehr auf die Straße, und als am Wochenende die Großmutter aus dem Wald kam, um nach dem Rechten zu sehn, erzählte sie ihr, was am letzten Sonntag vorgefallen war.

Hier muß ich nun ein bißchen zurückgreifen. Natürlich wußte Großmutter längst, daß meine Mutter schwanger war, aber sie hatte darüber niemals ein Wort verloren. Als meine Mutter ihr eines Abends ihr Mißgeschick beichtete, sah Großmutter sie mit ihren schönen dunklen traurigen Augen an und sagte nichts, sie erhob sich langsam und müde vom Stuhl, sie war gerade aus dem Wald gekommen, und hatte eine Entfernung von über zehn Kilometern barfuß zurückgelegt, um die Schuhe zu schonen, ging hinaus auf den *Ssaal,* wie man den offenen Gang zur Hofseite nennt, setzte sich auf eine Stufe und saß dort bis spät in der Nacht. Meine Mutter hockte in der Kuchl und weinte lautlos, von Zeit zu Zeit sah sie nach der Großmutter, die sich nicht von der Stelle rührte. Als sie sich schließlich erhob, sagte sie nur so viel: »Kumm schlofn, mein Kind.«

Das war an einem Abend im Juni 1930.

Damals war meine Mutter noch nicht siebzehn, und meine Großmutter war dreiunddreißig. Heute würde man sagen, daß sie eine noch sehr junge Frau war, doch zu jener Zeit waren die Frauen mit dreiunddreißig hier im Tal längst nicht mehr jung, die meisten hatten wenigstens ein halbes Dutzend Kinder, manche auch zehn, fünfzehn, ja, es gab auch Frauen, die zwanzig Kinder auf die Welt gebracht hatten und so bei fünfunddreißig waren. Großmutter hatte mit achtzehn den Mann verloren, und nachher hat sie nicht mehr heiraten können, weil sie eine arme Witwe war und außerdem noch ein kleines Kind hatte. Was wird sie wohl gedacht haben, als sie hörte, daß ihre einzige Tochter ein *Mansr* auf die Welt bringen würde? Darüber hab ich einmal mit Mutter gesprochen, und die meinte, Großmutter sei eine sehr stille und verschlossene Frau gewesen. Und das dürfte schon stimmen, denn auch später, als ich sie kennenlernte, sprach sie tagelang kein Wort mit mir.

Damals, im Juni 1930, aber beschloß Großmutter eines Tages, ihre schwangere Tochter nach Klausenburg zu bringen, weg von Oberwischau, möglichst weit weg, wo sie niemand kannte, vielleicht würde sie dort ihr Glück machen. In Klausenburg, einer schönen großen Stadt, kam meine Mutter zuerst zu einer Zipserin ins Quartier, wie es damals hieß, sie teilte mit dieser Frau Bett und Zimmer und bezahlte dafür die halbe Miete.

Diese Frau hieß Maria Theresia, den andern Namen weiß ich nicht, und auch sie war vor Jahren wegen einer Schwangerschaft aus dem Dorf fortgezogen, das Kind hatte sie entbunden, aber nach einigen Monaten war es gestorben. Sie war also alleinstehend und arbeitete als Wäscherin bei den feinen bürgerlichen Familien, von denen es in Klausenburg viele gab. Wenn sie Herrenbesuch bekam, mußte meine Mutter in einen nahen Park gehn und dort auf einer Bank warten. Regnete es, stand meine Mutter und wartete in einer Toreinfahrt, manchmal wartete sie auch zwei, drei Stunden und war nachher ganz durchfroren. Sie kroch dann rasch ins Bett, das noch warm und feucht war, weil die beiden sich vorher dort geliebt hatten. Einmal sagte sie der Maria Theresia, daß es sie ekelt, in einem Bett zu liegen, wo vorher ein fremder Mann seinen Schweiß abgewischt hat. »Wanns dem gnädigen Freilein mit dem dicken Bauch nit paßt, kann es ja anderschtwuhin ziehn!« antwortete die ihr. Nun mußte meine Mutter schweigen, denn eine andere Unterkunft konnte sie von den paar schwerersparten Lei, die ihr Großmutter gegeben hatte, nicht bezahlen.

In der ersten Zeit verdiente Mutter ihr Geld als Büglerin. Das war damals eine sehr schwere Arbeit, denn die Bügeleisen wurden mit Kohlen erhitzt, und um die Kohlen zum Glühen zu bringen, mußte man das schwere Eisen immer hin und her schwenken. Meine Mutter war hochschwanger, sie schwitzte wie ein Roß und zitterte nachher, manchmal wurde es ihr auch schwindlig, wie die Zipser sagen, und dann sah sie sekundenlang alles verschwommen. So geschah es, daß sie einmal das Eck von einem Polsterüberzug leicht versengte. Na, dafür gab ihr die Herrin eine solche *Tetschn*, daß sie sich nachher am Tisch festhalten mußte. »Wenn du auf dich nicht aufpaßt«, sagte die Herrin und zeigte auf Mutters Bauch, »das ist deine Sache, aber auf die Wäsch mußt du obachtgeben wie auf deine Augen!« Mutter verbiß sich die Tränen, damit sie nicht auf das weiße Leinen fielen und bügelte weiter. Damals entschloß sie sich, Wäscherin zu werden, weil ihr die Arbeit einfacher schien.

Als sie eines Abends todmüde nach Hause kam, hatte die Maria gerade Männerbesuch und schickte Mutter wieder weg. So ging sie zur Michaelskirche, das war ganz in der Nähe, und setzte sich dort auf eine Bank. Als es neun Uhr schlug, erhob sie sich und spürte einen Schmerz in den Hüften, es war aber noch nicht schlimm, und sie ging langsam nach Hause. Als sie dort ankam, lag die Maria schon im Bett und gähnte. Mutter wollte sich gerade ausziehn, und da begannen die Wehen. Sie hielt sich an der Bettkante fest und rief: »Hilf mir, Martschu, tas Kindl kummt!«

Na, die sprang aus dem Bett und eilte ins Haus nebenan, wo eine Hebamme wohnte. Zum Glück war die nicht weggegangen und kam auch sofort.

In dem kleinen dumpfen Zimmer, wo es, wie meine Mutter später sagte, oft nach Männerschweiß und Zigarettenrauch roch, wurde ich am 30. September geboren.

Meine Mutter besaß damals nichts außer einem Kleid, einer Schürze, ein Paar Schuhen, die sie jedoch nur auf der Straße trug, einem Mantel, zwei *Haapttichln*, einer gestrickten Wolljacke, etwas Unterwäsche und ein gerahmtes Jesusbild. Eine Frau, die im selben Haus wohnte, allerdings im ersten Stock und nicht ebenerdig im Hinterhof wie wir, schenkte ihr Windeln und einige Hemdchen, die sie nicht mehr brauchte, denn ihre Kinder waren schon groß. Es gab dann noch barmherzige, mitleidige Menschen, die der Mutter mit Kleidungsstücken halfen, und auch Maria, das muß ich sagen, zahlte zwei Monate allein die Miete und besorgte Milch für mich. Später pflegte Mutter zu sagen: »Sses war a grußes Wunder, taß pist nit storben tie erschtn Monat.«

Maria hatte in dieser Zeit keine Männer mehr nach Hause gebracht und war aus diesem Grund oft unfreundlich und nervös, und eines Abends meinte sie, daß Mutter sich nun nach einer andern Unterkunft umsehn muß, denn zu dritt kann man in dem kleinen Zimmer nicht wohnen, was ja auch stimmte.

Es war Maria, die Mutter ein winziges, dunkles Zimmer in einem andern Hinterhof vermittelte, nicht weit von der sogenannten Garnison, der Kaserne. Die Übersiedlung war einfach: am rechten Arm trug Mutter mich, *a klaanes armes, paprunztes Pinkerl,* und in der linken Hand ein anders *Pinkerl,* wo das Jesusbild, eine *Zuzlflaschn,* ein bißchen Wäsche und ein paar Kleinigkeiten waren, die ihr Maria geschenkt hatte. So zogen wir, Mutter und ich, in unser neues Quartier um.

Dadurch, daß wir nun in der Nähe der Kaserne wohnten, wurde Mutter die Wäscherin der Soldaten, das brachte viel Arbeit, aber wenig Geld, und wenn ich zurückdenk an meine Kindheit in Klausenburg, bevor Mutter den Gábor Rájszmán heiratete, spür ich auch heute noch den scharfen Geruch von Schweißfüßen, von Fußlappen, die in Lauge ausgekocht wurden, ich seh das erhitzte Gesicht meiner Mutter, über den Waschtrog gebeugt, und seh, wie ihre roten Hände mit einem Stock die dampfende Wäsche aus dem Topf herausfischten.

Als ich etwa vier oder fünf Jahre alt war, half ich Mutter beim Spülen der vielen Unterhosen, Fußlappen, Sokken und Soldatenhemden, später dann trug ich allein die Körbe mit der sauberen Wäsche zur Kaserne und bekam sogar manchmal von dem einen oder andern Soldaten ein kleines Geldstück, das ich jedoch Mutter gab.

In jener Zeit, Mutter war damals über zwanzig, und als ich zur Schule ging, war sie erst fünfundzwanzig, hab ich nie bemerkt, daß sie etwas mit einem Mann hatte; alle die Jahre stand sie am Waschtrog und schuftete für ein paar Lei, um die Miete zu bezahlen, fürs tägliche Brot, wie es so schön heißt, aber unser täglich Brot war der Maisbrei, Maisbrei mit Milch, Maisbrei mit gebratenem Speck, Maisbrei mit Schafkäse, selten ein Spiegelei, und manchmal sonntags eine Suppe mit Rindsknochen, die man beim Metzger für ganz wenig Geld bekam. Aus den Rindsknochen kratzte ich das Mark heraus und strich es auf ein Stück harten *Puliska,* so nannte man in Klausenburg den Maisbrei, und das war dann ein ganz besonderer Leckerbissen. Während meiner ganzen Kindheit hab ich nur ein einziges Mal einige *Zuckerl* bekommen, und das von einem fremden Mann auf der Straße, als ich mit dem leeren Wäschekorb nach Hause kam. Er sagte, ich soll am nächsten Tag zur gleichen Stunde an einem Straßeneck auf ihn warten, und dann will er mir noch viel mehr *Zuckerl* geben. Ich erzählte sogleich Mutter darüber, und sie wurde sehr böse und verbot mir, mich mit jenem Mann zu treffen, weil der, sagte sie, ein Kinderschänder ist. Dieses Wort hörte ich damals zum erstenmal, und ich konnte mir darunter nichts vorstellen, denn Mutter gab dazu keine weiteren Erklärungen.

Im Sommer 1940, ich war noch nicht zehn Jahre alt, lernte Mutter einen Mann kennen, er hieß Gábor Rájszmán, und an einem Sonntag besuchte er uns zu Hause, Mutter hatte ihn zum Mittagessen eingeladen, und er brachte einen Strauß Blumen mit. Das war das erste Mal, daß Mutter Blumen bekam, sie sagte es auch, und Rájszmán meinte, er wird ihr noch sehr viele Blumen bringen, obwohl sie selbst schön wie eine Blume ist. Ich hab mir das gemerkt, weil ich bis dahin noch nie diesen Vergleich gehört hatte, daß nämlich eine Frau so schön wie eine Blume sein kann. Ich betrachtete meine Mutter, die damals etwa siebenundzwanzig war, eine sehr schöne Frau, sie hatte ein feines, schmales Gesicht, eine sehr helle, reine Haut, und dann die dunklen leuchtenden Augen, das Haar flocht sie zu einem großen Knoten, einem *Konch,* sie war wirklich sehr schön, und an jenem Sonntag, als sie zum erstenmal von einem Mann einen Strauß Blumen bekam, hatte sie rote Wangen, wie ein kleines Mädchen, auch war sie seltsam verlegen, sie stellte sich ein bißchen ungeschickt beim Einschenken der Suppe, ihre roten

Hände zitterten, und Rájszmán lachte ein paar Mal und meinte: »Warum bist du so aufgeregt, Tereza?«

Mir gefiel der Mann nicht, er hatte kleine schräge Augen, und wenn er lachte, kniff er sie zusammen, daß man nur noch einen Strich sah, er trug das Haar kurz geschoren und hatte einen Schnurrbart mit hängenden Enden, so, wie die herrschaftlichen ungarischen Kutscher, sein Anzug sah fein aus, mit Krawatte, weißem Hemd, aber beim Essen schmatzte er, und jeden Löffel Suppe schlürfte er hinunter, so daß mir die Gänsehaut über den Rükken lief. Mutter hatte ihm zu Ehren eine *Fleischtokan* gekocht, auch an das erinner ich mich, denn so etwas hatte es bis dann bei uns noch nicht gegeben.

Er blieb nicht lang, und als er gegangen war, fragte mich Mutter sogleich, wie er mir gefallen hatte. Ich antwortete drauf mit einer Gegenfrage: »Wie alt ist er?« Mutter dachte ein wenig nach und meinte: »Sso pei tie fuffzig.«

»Und Ihr seid erscht ßiebenundzwanzig!« rief ich. »Wie kennt Ihr aßo a altn Mann nemmen?«

»Weißt, mein Kind, a Frau wie i kann nit wählen, tes is ter erschti, was will mich heiradn, verstehst, heiradn«, sagte sie und betonte jedes Wort, »pis jetzet war ka andrer nit, tes is ter erschti und ter aanzigi, i hab ka Wahl nit, Annku! Odr tiesn, odr kaanen!« Und dann begann sie zu weinen.

Ja, mir tat Mutter leid. Später erfuhr ich, daß Rájszmán damals, als er Mutter heiratete, fünfundfünfzig war, also achtundzwanzig Jahre älter als sie, er hatte keine Kinder, war Witwer, seine erste Frau war an einer unheilbaren Krankheit gestorben, die zweite hatte sich erhängt, andere Einzelheiten hab ich nie erfahren können. Er war tatsächlich der einzige Mann, der Mutter heiraten wollte, Mutter, eine arme Wäscherin mit einem unehelichen Kind, Mutter, die außer ihrem schönen Gesicht und ihrer guten Figur nichts besaß. Nun hockte sie neben dem Waschtrog, über den sie ein sauberes Tuch gelegt hatte, und schluchzte, beinahe lautlos, ihr Körper zitterte, die roten Hände hielt sie vors Gesicht, und ich *Mansr,* ich war ja eigentlich schuld an ihrem verpfuschten Leben, das war mir, obwohl ich kaum zehn Jahr alt war, schon klar geworden, ich saß da und erlaubte mir, ihr Vorwürfe zu machen, daß sie nach so vielen Jahren endlich einen Mann für sich haben wollte. Nun begann auch ich zu heulen, ich schämte mich, daß ich so mißraten war und Mutter nicht verstehen konnte, ich erinnere mich noch sehr gut, wie wir beide da saßen und heulten, es muß ein jämmerlicher Anblick gewesen sein.

Schließlich strich mir Mutter übers Haar und sah mich mit ihren warmen dunklen Augen an und sagte: »Wann tu ßagst, i ßoll ihn nit heiradn, i heirad ihn nit!«

»Weißt, Mama, mir gfallt ter Mann«, log ich, »und i mein, Ihr ßollt ihn heiradn, weil is ßes gut, wann is a Mann in Haus!«

Nun nahm mich Mutter in die Arme und drückte mich so heftig an sich, wie sie es früher nie getan hatte, dann rief sie, und dabei war sie ausgelassen und fröhlich wie ein Kind, wie ein kleines Mädchen, würde ich heut sagen: »Mir heiradn! Mir heiradn!«

Das war im August 1940.

Anfang September, nach dem Wiener Schiedsspruch, als Nordsiebenbürgen und somit auch Klausenburg wieder an Ungarn kam, heiratete meine Mutter den Gábor Rájszmán, der damals in einer Tischlerei arbeitete. Nach der standesamtlichen Trauung, die in ungarischer Sprache vollzogen wurde, gingen wir zu dritt in ein kleines Gartenrestaurant, unterhalb der Ziganie, für mich war es aber das schönste und eleganteste Lokal der Welt, ebenso auch für Mutter, denn beide hatten wir bis dahin noch nie auswärts gegessen. Als der Kellner kam und Mutter fragte, was sie wünschte, wollte sie sich zuerst erheben und stehend antworten, weil sie noch nie sitzend mit einem fremden Mann gesprochen hatte, auch ich war so verwirrt, daß ich nicht wußte, was ich sagen sollte, und so bestellte Rájszmán für alle zuerst eine Hühnersuppe, dann Gulasch und als dritten Gang für jeden eine Schnitte Fruchttorte, außerdem eine Flasche Wein und für mich ein großes Glas Limonade. Mutter und mir war es sehr feierlich zumute, und ich bemerkte, wie Mutter sich einige Male unbemerkt eine Träne wegwischte. Es war wahrscheinlich zum erstenmal in ihrem Leben, daß sie von jemandem bedient wurde, dann trank sie gleich zwei Gläschen Wein und lachte laut über irgendwelche komischen Kindheitserinnerungen, die Rájszmán zum besten gab. Die Leute vom Nebentisch blickten erstaunt zu uns herüber, weil Mutter wie ein kleines dummes Mädchen immer wieder laut auflachte, aber ihn schien das nicht zu stören, denn er lachte auch, aber sein Lachen gefiel mir nicht, es erinnerte mich an das Bellen eines Hundes, dessen Stimme immer heiser war und der im Hof des Nachbarhauses seine Hütte hatte. Einmal räusperte er sich auch und spuckte dann einfach auf den Boden. Mutter schien das nicht zu bemerken, sie war guter Laune, so fröhlich hatte ich sie noch nie gesehn, das heißt, sie war ja auch niemals vorher als verheiratete Frau in einem Gartenrestaurant gewesen.

Schließlich rief Rájszmán den Kellner, zahlte, für meine damaligen Begriffe von Geld war das ein Vermögen, und wir gingen zu ihm nach Hause, denn Mutter sagte, nun sind wir eine richtige Familie und werden zusammenwohnen. Rájszmán hauste wie wir in einem Hinterhof, ebenerdig, doch hatte seine Wohnung Zimmer und Küche mit Waschnische, das Klo befand sich im Hof und wurde auch von andern Einwohnern benützt. Ins Zimmer gelangte man durch die Küche, und die betrat man vom Hof durch eine Doppeltür.

Als wir nun unser neues Heim zum erstenmal besichtigten, war alles sauber und ordentlich, es roch ein wenig muffig, wie in allen alten Häusern, und in der Küche war eine Wand etwas feucht. Rájszmán gab mir ein altes dikkes Buch mit vielen Bildern, sagte, ich soll mich auf die

Ofenbank setzen und das ansehn, denn er möchte drüben, im Zimmer, mit Mutter ein wenig ungestört sprechen.

Die beiden gingen also hinüber, ich nahm das Buch und guckte die bunten Bilder an, und plötzlich hörte ich, wie Mutter furchtbar stöhnte und jammerte, so, als würde ihr jemand weh tun, »joj, joj«, machte sie die ganze Zeit, ich aber wagte nicht zur Tür zu gehn und zu fragen, was mit ihr los ist, ich ahnte, daß es so sein müßte, und wartete ab, was weiter geschehn wird, und tatsächlich, nach einiger Zeit war es im Zimmer still, und ich hörte, wie die beiden ganz normal sprachen, auf einmal lachte Mutter, laut und albern, wie im Restaurant, und da war ich beruhigt, denn nun wußte ich, daß nichts Böses geschehn war. Nachher war es wieder lange Zeit still, und als ich auf die hölzerne Pendeluhr sah, die in der Küche hing, merkte ich, daß Mutter wenigstens schon zwei Stunden mit dem Rájszmán drüben steckte. Auf einmal begann sie wieder so zu jammern, aber nicht so stark wie beim erstenmal, und ich dachte, jetzt geh ich doch zur Tür und seh einmal nach, was der mit ihr macht, aber dann hörte ich sie auch schon lachen, und alles schien wieder in Ordnung.

Es dunkelte bereits, als die beiden herauskamen, sie sahen genauso aus wie zuvor, als sie ins Zimmer hineingegangen waren, und Mutter sagte, daß wir nun diese eine Nacht doch noch in unserem Zimmer verbringen werden, weil wir dort noch unsere Sachen haben. »Aber moring«, rief sie, »moring ziehgn mir zum Gábor, und tu, Reßku, sollst zu ihm Vatr ßagen, denn jetzet hast auch tu a Vatr!«

Dann nahm er mich in die Arme und küßte mich auf den Mund, was mich furchtbar ekelte, denn mich hatte noch nie jemand auf den Mund geküßt, und außerdem roch sein Schnurrbart säuerlich nach Wein.

»Na, sag zu mir Vater, kleines Fräulein«, lachte er und preßte mich an sich, und dabei roch ich seinen Körper, und der roch genauso wie die Wäsche von den vielen

Soldaten, für die Mutter gewaschen hatte, es war ein unerträglicher Geruch und ein beklemmendes Gefühl, jetzt von einem Mann festgehalten zu werden, der diesen Geruch hatte, ich sträubte mich, versuchte von ihm loszukommen, doch er hielt mich so fest, daß ich mich nicht rühren konnte. »Sag zu mir Vater«, schnaufte er und versuchte, mich noch einmal zu küssen, aber ich wandte mich ab. »Na, ßag schon Vatr«, hörte ich nun die Stimme meiner Mutter, der es irgendwie peinlich war, daß ich mich seinen Liebkosungen widersetzte. »Vatr!«, preßte ich hervor, und da ließ er mich los, und ich hätte am liebsten losgeheult, so schmerzten meine Hüften und Arme, wo er mich festgehalten hatte.

Hier ist jetzt ein Kapitel zu Ende, und ich würde sagen: Hier ist meine Kindheit zu Ende. Ich hatte drei Klassen der ungarischen Volksschule besucht, freilich ohne gute Zensuren, aber das war auch nicht wichtig, ich konnte lesen und schreiben, ich war mit meinen zehn Jahren kein kleines Mädchen mehr, denn bei uns in Oberwischau gab es Frauen, die mit zwölf oder dreizehn ihr erstes Kind bekommen hatten, freilich, jenen ähnelte ich nicht, ich war nicht so kräftig, war zierlich, hatte eine kleine Figur, doch von der Hausarbeit hatte ich genügend Kräfte bekommen, freilich nicht genug, um mich aus der Umarmung meines Stiefvaters freimachen zu können, das war mir klar geworden an jenem Tag nach der Trauung meiner Mutter..., an jenem Tag, als mich zum erstenmal ein Mann auf den Mund geküßt hatte..., und dieser Mann war nicht vielleicht einer meiner Klassenkollegen gewesen, von denen ich gern einen Kuß bekommen hätte, es war auch nicht der Student, der im ersten Stock in Untermiete wohnte, bei Frau Szabó, die einst meiner Mutter Windeln und Kinderwäsche geschenkt hatte, übrigens ein sehr schöner junger Mann, den ich jedesmal grüßte und dabei hoffte, er würde mich anschauen, doch er dankte höflich, sah aber immer an mir kleiner Rotznase vorbei, ja, sicher hatte er ganz andere Freundinnen, als die Tochter einer Wäscherin; der erste, der mich geküßt hatte, war mein Stiefvater Gábor Rájszmán, und diesen Kuß, der soviel Ekel in mir zurückgelassen hat, konnte ich lang nicht vergessen.

Ich hab einmal einen Film gesehn, das war viele Jahre später, und ich war schon zum erstenmal verheiratet, und dieser Film hieß ›Der erste Kuß‹. Eine Karte kostete fünf Lei, das war damals viel Geld, doch ich wollte unbedingt sehn, was das mit dem ersten Kuß auf sich hat, und so ging ich zusammen mit meiner Freundin Ließku Brandstetter ins Kino, in die Herrengasse. Was soll ich nun sagen: Ich hab im Kino geweint, und ich hab nachher geweint, und ich hab auch noch Tage später einige Male geweint, denn der Film war zu schön gewesen, er erzählte die Geschichte von einem jungen Paar, zwei sehr jungen Leuten, beide so sechzehn, siebzehn Jahre alt, wie sie sich in den Ferien auf einem Bauernhof kennenlernten, er war aus der Stadt zu Besuch, und sie wohnte am Dorf, ja, und dann kam der erste Kuß: auf einer Wiese voller Blumen, die Vöglein zwitscherten, am Himmel zogen große weiße Wolken, ja, der Film war farbig, und sie lagen beide auf dieser wunderschönen Wiese, und plötzlich küßten sie sich zum erstenmal, und küßten sich und küßten sich, und es war das erstemal, und man sah dann immer wieder die schönen weißen Wolken und den Himmel und hörte die Vöglein zwitschern, und ich glaub, es haben mehrere Frauen im Saal wie ich geweint. Zuletzt kam es dann aber so, wie es kommen muß, denn das Leben kennt keine Güte, ich mein, das Leben ist nicht so, daß man nur Freude haben kann, kaum hast du dich über etwas gefreut, kommt auch schon die *Tetschn*, damit du gleich aufwachst und nicht vielleicht glaubst, du sollst so glücklich dahinleben, nein, die *Tetschn* ist immer gleich da, und auch im Film war es natürlich so, das schöne blonde Mädchen vom Bauernhof bekam im Jahr darauf ein Kind von jenem jungen Burschen, und er war aber schon längst weggefahren, zum Studieren, in ein fernes Land, und das

Mädchen hat er vergessen. Nur eines war anders, als bei meiner armen Mutter und mir: die Eltern vom Mädchen haben es nicht vom Hof gejagt, sie haben ihr verziehn, und immer wenn ich daran dachte, daß man jemandem verzeihn kann, wenn er ein *Mansr* auf die Welt bringt, hab ich wieder weinen müssen, denn meiner Mutter hatte niemand verziehn, sie war ausgestoßen worden und hat müssen in die Fremde gehn, nach Klausenburg.

Ja, an jenem Tag, als ich den verfluchten ersten Kuß von einem Mann bekam, fühlte ich, daß etwas jetzt zu Ende war und nicht mehr wiederkommen wird, ich war eine Frau, so dachte ich jedenfalls, *jetzet pist a Weib, a Mann hat tich pußt*, ich hatte die Nähe, den Geruch und die Kraft eines Mannes gespürt, eines Mannes, den ich später hundertmal, nein tausendmal, vielleicht aber auch viele tausendmal verflucht hab, meinen Stiefvater.

Hier mach ich eine Pause, ich muß zuerst meine Kindheit, die Zeit bis zum Gábor Rájszmán, wieder vergessen, das heißt, aus meinem Gedächtnis verdrängen, und dann erzähle ich weiter, dann erzähle ich von den Jahren in Klausenburg, bis meine Mutter mich nach Oberwischau geschickt hat. Es ist die Zeit, als ich nicht mehr zur Schule ging und meiner Mutter beim Waschen half, denn damit hatte es kein Ende ...

In der letzten Nacht hab ich von meinem Stiefvater geträumt, ich hab geträumt, daß ich wieder zehn Jahre alt war und bei ihm im Bett lag, und wie er mich dann in die Hüften und in die Brust zwickte, ich hab das geträumt und hab vor Schmerz geweint, und dann hab ich geschrien: »Tu verfluchtr Vatr! Verflucht ßollst ßein pis zum Jingstn Tag!« Und dann hat er mir eine *Tetschn* runterhaut und hat mich wieder auf den Mund *pussen* wollen, aber dann war plötzlich Mutter da und hat gelacht, wie damals, als wir im Gartenrestaurant saßen, das einzige Mal, daß er uns ausgeführt hatte, und bei ihrem Lachen ließ er von mir los und sagte auf madjarisch: »Komm, Tereza, komm zu mir, diese Kleine ist ja noch keine richtige Frau.« Worauf meine Mutter antwortete: »Nein, sie ist ein Kind.« Ich aber hab so stark weinen müssen, daß ich davon aufgewacht bin, ich spürte einen Knödel im Hals und zitterte am ganzen Körper, dann stand ich auf und ging in den Hof, der Hund kam und schmiegte seinen Kopf an mich, der Mond schien, alles war hell erleuchtet, man konnte die hohen dunklen Berge sehn.

Da hab ich zu Gott gebetet, er soll mir keine solchen Träume mehr schicken, er soll mir helfen, daß ich vom Rájszmán loskomm, ich bin sehr lang im Hof gestanden und hab immer wieder gebetet, schließlich begann ich zu frieren und kehrte zurück ins Bett. Ich nahm aber auch den Hund ins Haus, weil ich ein lebendiges Wesen neben mir haben wollte, ich hoffte, so würde sich der Traum nicht wiederholen, und dann hab ich noch bis gegen fünf Uhr morgens ruhig geschlafen, dann mußte ich aber aufstehn, die Hühner aus dem *Kotetz* lassen, das Schweinefutter zubereiten und das Übliche tun. Dabei hab ich daran gedacht, daß der Stiefvater seit 1944 tot ist, das sind jetzt fünfundvierzig Jahre, bei Gott, eine lange Zeit, und in der letzten Nacht war er wieder da, so, als wäre er nicht gestorben, und ich hab ihn wieder verflucht, ja, das hab ich auch im wachen Zustand getan, es ist eine große Sünd, jemanden zu verfluchen, aber bei dem, da hab ich keine Reue nicht, und hätte er mich noch einmal geschlagen, ich glaub, ich wäre nun soweit, einmal zurückzuschlagen, ja, ich laß mich nicht mehr schlagen von diesem Mann, nicht einmal im Traum, und vielleicht ist es lächerlich, weil ich die Träume und das, was wirklich ist, so zusammenbring, aber für mich sind die Träume, in denen mein Stiefvater erscheint, beinahe wie ein wahres Erlebnis, denn nachher spür ich noch die Schmerzen, die er mir angetan hat am Körper, und mein Gesicht brennt von seiner *Tetschn*. Was hilft es mir, wenn ich mir am Tag immer wieder sag, ist doch alles nur im Traum gewesen, ich leid darunter, als wäre alles tatsächlich geschehn.

Die Zeit, in der ich einen Vater hatte, einen Stiefvater, macht eigentlich nur zwei Jahre aus, das heißt zwei Jahre und zwei Monate, aber diese Zeit, diese Jahre trug ich nachher mit mir, auch als ich verheiratet war, sie waren eine stille Last, die ich nicht loswerden konnte, die Erlebnisse verfolgten mich, mein Stiefvater stand immer wieder nachts neben mir, er kam und quälte mich, und oft dachte ich, das muß vielleicht so sein, weil ich ein *Mansr* bin, denn von den *Mansrn* heißt es ja, daß sie *in ter wildn Lieb* gemacht wurden, ohne Gottes Segen, und dafür muß man dann büßen, gut, meine Mutter hatte zehn Jahre oder mehr für ihren ersten und letzten Fehltritt gebüßt, und nachdem sie geheiratet hatte, war sie auch nicht frei vom Fluch, denn der Rájszmán war schlecht zu ihr, er quälte auch sie, nur auf eine andere Weise als mich, das weiß ich, das hab ich gespürt, obwohl Mutter nie darüber etwas gesagt hat, sie war ebenso verschwiegen wie meine Großmutter, oder vielleicht wollte sie auch nicht zugeben, daß die Ehe mit Rájszmán nicht gut ging, jedenfalls wurde sie immer schweigsamer, in den drei Jahren, die ich bei ihr und meinem Stiefvater in Klausenburg verbracht hab, sie bekam zwei scharfe Falten um die Mundwinkel und beim Wäschewaschen hielt sie manchmal inne und blickte starr vor sich hin.

»Was is, Mama«, fragte ich, »spiert Ihr Eich nit gut?« Darauf antwortete sie meistens nichts und wusch weiter.

Ja, nach der Heirat wurde Mutter wieder Wäscherin, doch jetzt gehörten zu ihren Kunden nur noch junge Offiziere, und manchmal ging sie auch zu feineren Familien nach Hause waschen. Sie bekam dann dort das Mittagessen, das oft sehr reichlich war, und wenn es Fleisch gab, dann brachte sie immer ein Stück auch für mich nach Haus, und den Nachtisch, Kuchen oder Gebäck, packte sie für mich ein. Wenn das die herrschaftliche Frau bemerkte, dann gab sie ihr noch mehr mit, für mich. Mutter mußte waschen, weil mein Stiefvater, er arbeitete in einer Tischlerei, von seinem Lohn nichts hergab, er bezahlte bloß die Miete für die winzige Wohnung, außerdem Licht und Heizung, manchmal kaufte er auch ein Brot, doch sonst gab er nichts für den Haushalt, und meine Mutter mußte alles oder beinahe alles, so wie früher, selbst verdienen. Einmal fragte ich sie: »Mama, far wos hast heiradt?« Darauf sagte sie lange nichts, dann antwortete sie: »Tes verstehst nit, mein Kind.«

Nach genau neun Monaten kam meine Schwester Resi auf die Welt, und Mutter hatte dieselbe Hebamme rufen lassen, die auch bei meiner Geburt dabeigewesen war, eine sehr gute Frau, denn sie wollte damals bei meiner Geburt kein Geld annehmen, als sie hörte, daß ich ein uneheliches Kind bin und Mutter keinen Mann hatte. Sie schickte mich in den Hof hinaus, und ich spielte und wartete etwa zwei Stunden, bis meine Schwester auf der Welt war und ich ihr lautes Schreien hörte. Mein Stiefvater hatte, als man ihm sagte, daß es nun bald soweit ist, den Hut genommen und war in eine Kneipe gegangen, um sich Mut anzutrinken, wie er sagte, »wenn man in meinem Alter Vater wird, muß man sich Mut antrinken«, erklärte er lachend einem Nachbarn, als der ihn fragte, wohin er es so eilig hat.

Als nun meine Schwester auf der Welt war, sagte die Hebamme zu mir, ich soll meinen Vater verständigen, daß er nun noch eine Tochter hat. Ich lief sogleich zu der Kneipe und entdeckte ihn mit einigen seiner Kumpel an einem Ecktisch, es war ein niedriger dumpfer Raum, voll Zigarettenrauch, und es roch sehr säuerlich, wie beim ersten Kuß, den ich einst von ihm bekommen hatte. Als er mich erblickte, rief er, und ich merkte, daß er schon ziemlich viel getrunken hatte: »Na, was ists, Mann oder Weib?«

»Ein Mädchen«, sagte ich.

»Ein Mädchen?!« rief er. »Auch gut, macht nichts. Na, auf meine Tochter!« Dann kippte er ein Glas hinunter und kümmerte sich weiter nicht mehr um mich. Ich wagte noch zu fragen, ob er nicht nach Hause kommen möchte, um das Kind zu sehn.

»Das Kind zu sehn? Was gibt es da zu sehn bei einem Mädchen, das eine Stunde alt ist? Gar nichts gibts zu sehn! Ein Sackerl mit Pisse und sonst nichts. Wenn sie aber fünfzehn oder zwanzig sein wird, dann wird man schon so manches zu sehn bekommen, dann ja«, lachte er, »aber bis dann, ach du liebe Scheiße, da ist wirklich nichts los ...«, so redete er dahin, und seine Kumpel lachten und prosteten sich zu, ich aber verschwand aus dem Rauch und Gestank und eilte zu Mutter. Die lag im Bett in der Stube und war ganz weiß und schwach, und in einem Körbchen lag die kleine Resi, ein rotes, häßliches Wesen, an dem tatsächlich nichts zu sehen war.

Mutter fragte nach Vater, und ich sagte ihr, er wird bald kommen, er muß noch die Zeche bezahlen. Aber es wurde Nacht, und Vater kam erst sehr spät nach Hause, war betrunken, und legte sich, ohne nach dem Kind zu sehn, in die Küche auf die Couch schlafen, auf der auch ich lag. Ich hatte bis dahin kein Aug zugetan, immer ängstlich wartend, daß er kommen wird, doch jetzt war er so müde vom vielen Saufen, daß er sofort einschlief und furchtbar schnarchte. Ich sprach mein Abendgebet, dankte Gott, daß er mir eine Schwester geschickt hatte, dankte auch, daß Vater schnarchte und ich ruhig schlafen konnte, ja, das war ein großes Glück, daß ich einmal unbelästigt schlafen konnte.

Und darüber muß ich auch sprechen, es fällt mir schwer, aber wenn ich das erzählt hab, dann werde ich um vieles erleichtert sein, so glaube ich jedenfalls, und ich danke dir und allen, denen du meine Geschichte erzählen wirst, dafür, daß sie mir zuhören, denn wenn man Zuhörer hat, läßt es sich gut erzählen, dann bekommt man Mut und sagt auch das, was man vielleicht sonst, bei einer Beichte, verschweigt.

Also die Sache mit meinem Vater, das heißt mit meinem Stiefvater, denn wer mein richtiger Vater war, das wußte nur Mutter, aber gesagt hat sie es mir nicht.

Gott soll mir verzeihn, und ich glaub, er wird mir verzeihn, weil er alles mitangesehn hat, was damals in Klausenburg geschehen ist, damals, die drei Jahre, als ich einen Vater hatte, es ist die verfluchte Zeit meines Lebens, nein, meiner Kindheit, denn in meinem Leben gab es ja später auch schöne Tage, Gott soll mir verzeihn, weil ich meinen Vater in Gedanken so oft *anflucht* hab, ich bin niedergekniet, so, als würde ich beten, und dann hab ich ihn *anflucht*, und nachher hab ich geweint, weil das *Anfluchen* ja eine so große Sünde ist, aber ich konnte nicht anders, ich hab schon beim Wort Vater immer einen Schrecken bekommen, wenn ein Kind, eines von den Kindern, mit denen ich gespielt hab, von seinem Vater sprach, dann hat sich jedesmal in mir etwas stark zusammengezogen und hat mir den Atem weggenommen, so, als würde sich der *Schratt* einem auf die Brust hocken, genauso war das, nur, daß der *Schratt* nicht am Tag, sondern nur in der Nacht kommt, wenn alle schlafen; also, wenn ich das Wort Vater hörte, war gleich dieser Druck in meiner Brust, und dieser Druck war eine schreckliche Angst, die ganz tief in mir saß, so tief, daß ich sie nie mehr loswerden konnte.

Vater! Andere Kinder erzählten, wie ihre Väter mit ihnen spielen, ihnen kleine Holzpuppen oder Pfeiferl schnitzen, sie auf den Schoß nehmen und *hutscha-marutscha* machen, ich aber konnte davon nichts erzählen, denn wenn mein Vater mich auf den Schoß nahm, das war, ich erinner mich noch genau, viermal geschehen, und immer in Mutters Abwesenheit, dann streichelte er mir die Oberschenkel und sagte: »Einmal wirst auch du eine gute Kurwe werden, so, wie deine Mutter...« Einmal sagte er auch: »Aber wenn du mit einem Mansr nach Haus kommst, schneid ich dir den Bauch auf, wie der Jäger das mit dem Wolf im Märchen vom Rotkäppchen gemacht hat...« Gleichzeitig fingerte er mir unter dem Rock herum, ich zitterte vor Angst, mir wurde heiß und kalt, ich wehrte mich verzweifelt, versuchte loszukommen, doch er war sehr kräftig und hielt mich mit dem einen Arm so fest, daß ich mich kaum rühren konnte, während er sich mit der freien Hand unter meinem Rock zu schaffen machte, ich wußte nicht genau, was das alles bedeutete, aber ich ahnte, daß da etwas geschah, was unerlaubt war, was man nicht tun durfte, was vielleicht irgendwelche böse Folgen haben könnte, und so flehte ich, er soll mich doch freilassen, ich weinte, ich wehrte mich verzweifelt mit meiner ganzen Kraft, aber erst, wenn er *sich genug gespielt hatte,* ließ er mich plötzlich los und haute mir eines auf den Hintern, daß ich nach Luft schnappen mußte, jedesmal lief ich dann sogleich hinaus in den Hof aufs Klo und säuberte mich mit Papier, und das Ganze war so widerlich, so eklig, daß ich nachher nichts essen konnte, mir war jedesmal kotzübel.

Ich hab damals nicht gewußt, warum er mich verfolgte und jedesmal quälte, wenn wir beide allein zu Hause waren. Später, als ich eine verheiratete Frau war, versuchte ich, das zu verstehen, aber es kam mir alles so seltsam, so ungewöhnlich vor, daß ich es mir eigentlich bis heute nicht erklären kann, ich mein, dieses Verhalten meines Vaters, gleichzeitig betonte er aber bei jeder Gelegenheit, wie lieb er mich hat und was für ein gutes Mädchen ich bin. Meine arme Mutter war dann jedesmal so beeindruckt und strich mir mit ihrer roten Hand über das Haar: »Ssei gut zu ihm, weil er hat tich ßehr stark lieb.« Ich aber würgte, um nicht loszuheulen, denn mein Hintern war voller blauer Flecken, und manchmal schmerzte er so stark, daß ich in der harten Schulbank kaum ruhig sitzen konnte. Mein Vater hatte nämlich die Angewohnheit, wenn er guter Laune war, mich, ohne daß Mutter es merkte, in den Hintern zu kneifen, das heißt, er kniff mich nicht, er zwickte mich so stark, daß ich nachher blutunterlaufene Flecken bekam, die waren zuerst rot, dann blau, dann färbten sie sich braun, wurden schließlich gelb und verschwanden. Manchmal zwickte er mich in eine Stelle, wo schon ein Flecken war, der sich eben erst blau gefärbt hatte, und das tat dann besonders weh, ich durfte aber keinen Mucks von mir geben, sonst hätte er mich totgeschlagen, so hatte er jedenfalls gedroht: »Wenn du deiner Mutter einmal nur ein Wörtchen sagst, schlag ich dich tot, und dann bring ich deine Mutter um, und ganz zuletzt die kleine Resi ...« Ich zitterte vor Angst, daß er das wirklich tun könnte, und hütete mich sehr, auch nur einen Mucks zu machen, wenn er mich in den Hintern zwickte, während Mutter im Nebenzimmer saß und meine Schwester fütterte.

Viele Jahre später, ich war schon sechzehn oder siebzehn und wohnte bei einer Tante in Oberwischau, hat mir einmal ein Bursch einen Klaps auf den Hintern gegeben, so, zum Spaß, wie das die Art der Männer ist, und ich hab in dem Augenblick sofort an meinen Vater denken müssen und hab mich umgedreht und dem mit der Faust einen solchen Schlag ins Gesicht versetzt, daß ihm die Nase zu bluten begann, dann aber lief ich davon, so schnell ich konnte, und der Bub, er hieß Emu, brüllte mir nach: »Hex, verfluchti, i fang tich schunt amol!« Nachher tat es mir leid, denn dieser Emu war eigentlich ein guter Kerl, und sicher hatte er sich nichts Schlimmes dabei gedacht. Nach etwa zwei Wochen begegnete ich ihm auf der Gasse, und ich hätte gut in einen Hof ausweichen können, doch ich blieb stehn, und ließ ihn näher kommen, er war natürlich sehr verwundert, weil ich nicht davonlief, und als er vor mir stand, sagte ich ihm, wie leid es mir tut und er soll mir verzeihen, daß ich ihn geschlagen hab. Emu war sichtlich verwundert, er sah mich mit seinen großen hellen Augen an, und da merkte ich, wie gute schöne Augen dieser Bub hatte, dann sagte er: »Gib mir a Pussl, dann mecht i ßes vergessn!« Ich mußte mich ein wenig überwinden, denn ich erinnerte mich an die feuchten säuerlichen Küsse, die ich von meinem Vater bekommen hatte, schließlich faßte ich seinen Kopf und drückte ihm einen Kuß auf die Wange und lief davon. »Nit a ßolches Pussl!« rief er mir nach und lachte.

Damals, ich war sechzehn oder siebzehn, nahm ich mir vor, nicht mehr alle Männer an meinem Vater oder an meinem Onkel Joku, von dem ich noch erzählen werd, zu messen.

Unsere Wohnung in Klausenburg bestand aus einer Küche, in der eine Couch stand, und aus einem Zimmer. Im Zimmer schlief meine Mutter mit der kleinen Resi und in der Küche schlief ich mit Vater, aber wir lagen nicht nebeneinander, sondern verkehrt, das heißt ich an seinem Fußende und er an meinem, seine Füße reichten bis zu meiner Brust, und wenn er getrunken hatte und nicht so stark betrunken war, daß er gleich einschlief, quälte er mich jedesmal und zwickte mich mit den Zehen in die Brüste, so daß ich auch dort voller blauer Flecken war, ich versuchte immer, wegzurücken, damit er mich nicht erreichen kann, doch dann rutschte er tiefer und bekam mich wieder zu fassen, oder er zwickte mich in die Hüften, wo ich ja sowieso schon alle Farben auf mir hatte, dann fummelte er mir mit dem Fuß unter dem Schlafhemd herum, und ich preßte die Beine zusammen, so stark ich konnte, weil es weh tat und mich sehr aufregte, auch war dieser Ekel in mir, ich hätte am liebsten gekotzt, so zuwider war das alles, und oft hatte er seine Füße nicht gewaschen und dann rochen sie wie Tischlerleim, und der Gestank war in der ganzen Küche, und ich mußte mich daran gewöhnen, wenn ich einschlafen wollte.

Wenn ich später einem Mann begegnete, der Schweißfüße hatte, hab ich immer an meine Kindheit denken müssen, an die Füße meines Vaters, an die Nächte, in denen er an mir herumfummelte, an die Fußlappen der Soldaten, die meine arme Mutter auskochen und waschen mußte. Es sind einige Dinge, die mich immer wieder, ich könnte sagen, auch heute noch, an jene Zeit erinnern: Schweißfüße, Männerküsse auf den Mund und der dumpfe Geruch feuchter Wände, die Luft muffiger Stuben...

Jeden Samstag machte Mutter in zwei großen Töpfen heißes Wasser, Vater holte aus dem Schuppen einen verzinnten Blechzuber, und dann wurde in der Küche gebadet. Zuerst wusch er sich, dann im selben Wasser Mutter, und inzwischen war wieder heißes Wasser da, und nun wurde Resi gebadet, und zuletzt badete ich im selben Wasser, während Mutter meine Schwester im Zimmer wickelte und fütterte. So war sie mit der Kleinen beschäftigt und konnte nicht die vielen Flecken an meinem Körper sehen, Vater aber saß auf der Ofenbank und schaute mir beim Baden zu, was mich verunsicherte und in eine maßlose Wut versetzte, denn wenn er in den Zuber stieg, durfte niemand dabeisein. Er aber beobachtete mich aus seinen schrägen Schlitzaugen und zwirbelte die ganze Zeit seinen Schnauzbart, eine selbstgefällige Geste, die ich auch später immer wieder bei schnurrbärtigen Männern beobachtet hab, bevor sie sich einer Frau näherten, dabei machte er dumme Witze, er sagte: »Wasch dir aber auch den Hintern, denn der ist schon ganz braun«, oder: »Ein junges Fräulein muß sich überall waschen, auch dort, wohin die Sonne nicht scheint ...«

Ich zitterte und verfluchte jedesmal das Samstagbad, manchmal entglitt mir vor Aufregung die Seife, dann bat ich ihn, sie mir zu bringen, und wenn er sie mir gab, zwickte er mich in die Brust, was besonders weh tat, und ich verkniff die Tränen und beeilte mich, fertig zu sein, bevor Mutter in die Küche kam, denn sie durfte ja nicht die blauen und braunen Flecken auf meinem Körper sehen.

In der Woche vor Weihnachten aber, das war im Jahr '42 und wir hatten damals einen sehr kalten Winter, weshalb auch Mutter nach dem Bad die Resi nicht hinüber ins Zimmer trug, sondern auf dem Küchentisch sauber kleidete, in jener Woche, an einem Freitag, denn Samstag war der Heilige Abend, und so wurde diesmal schon am Freitag gebadet, konnte ich die Flecken an meinem Körper nicht mehr verbergen. Ich war zwar rasch in den

Zuber gestiegen, doch Mutter hatte etwas bemerkt und sagte: »Was hast am Pauch, laß ßegn, hat tich awer schlagn.«

»Nein, hat mich niemand schlagn, Mama«, erwiderte ich und versuchte, die Tränen herunterzuwürgen, während ich den stechenden Blick des Vaters im Rücken spürte. Doch Mutter ließ nicht los, ich mußte aufstehen, und als sie meinen Körper sah, rief sie: »Jeschusch-Maria, was hast macht?«

»Hab ich mich anschlagen in der Schul an tie Pänk, Mama«, log ich.

»Anschlagn an tie Pänk?« wunderte sich Mutter und schüttelte ungläubig den Kopf.

Da sagte Vater, und seine Stimme klang seltsam rauh: »Sie lügt, da hat sie jemand zwickt, vielleicht ein Bub, vielleicht ein Geliebter, wer weiß, wo die sich schon herumtreibt und was sie schon alles weiß.«

»Bitte, red nit ßo, Gábor«, sagte Mutter mit weicher zittriger Stimme, und ich merkte, daß es auch ihr zu heulen kam.

Ich unterdrückte meine Tränen, ich fühlte mich jämmerlich, Vater saß da und sah mich böse an, als hätte ich wunder was verbrochen, Mutter sagte kein Wort mehr und kümmerte sich um die kleine Resi, die munter drauflosgackerte und mit den Händchen um sich schlug. Als die Kleine angezogen war, stellte Mutter sie auf den Boden, ging ins Nebenzimmer und schloß behutsam die Tür, und trotzdem hörte man ihr Schluchzen. Die Kleine tappte durch die Küche und hielt sich immer an den Stuhlbeinen fest.

Als Mutter nicht mehr aufhören wollte, erhob sich Vater ungehalten, brummte: »Na, du verfluchte Zeit, das wird ja ein schönes Weihnachten!« Dann ging er hinüber, schloß hinter sich geräuschvoll die Tür und fragte Mutter, was sie sich eigentlich so vorstellt, ihm mit ihrem Geflenne den schönen Abend zu vermiesen, wo er sich nach dem Bad so gut fühlt, und jetzt beginnt schon der

Krach, weil das *Mansr,* ja, so nannte er mich – das *Mansr,* blaue Flecken am Arsch und wer weiß noch wo hat. »Ja«, brüllte er, »der Apfel fällt nicht weit vom Baum, das haben schon die Alten gesagt, und die wußten, was sie sagen, und wer als Mansr geboren wurde, wird keine Heilige, sondern auch eine Kurwe und die Kleine«, damit meinte er mich, »die hat es schon in sich, die hat den Teufel im Leib, die denkt nur an das eine, wenn sie sich wäscht, wackelt sie mit allen Teilen ihres kleinen geilen Körpers, daß man sich als Vater schämen muß, so eine Tochter zu haben, da muß man wegsehn, wenn die sich wäscht, das ist kaum auszuhalten, so eine Schweinerei, und das in meinem Haus, und das in meinem Haus«, wiederholte er einige Male, »wo es sowas nie gegeben hat! Wo sind wir denn hier, in einer Kupplerei? Gott soll einen behüten vor solchen Weiber.«

Plötzlich schrie meine Mutter, deren Stimme ich bis dahin nicht gehört hatte: »Schweig schon einmal, um Gottes Willen, schweig schon, ich kann nicht mehr, ich bring mich um, bitte schweig!«

Ich hörte dann Mutter weinen, er sagte nichts mehr, und nach einiger Zeit kam er heraus, schlug die Tür zu, zog die Stiefel an, nahm Hut und Mantel und verließ das Haus. Plötzlich begann Resi zu greinen, ich nahm sie auf den Schoß und redete mit ihr, dabei zitterte meine Stimme, es kam mir zum Heulen, doch ich beherrschte mich, denn im Zimmer hörte ich immer noch Mutter, wie sie laut schluchzte, ich spielte also ein bißchen mit Resi, und es tat mir furchtbar leid, daß wegen diesen verdammten Flecken auf meinem Körper der Krach begonnen hatte, aber gleichzeitig war ich auch froh, daß Mutter nun alles wußte, das heißt, eigentlich wußte sie nichts, denn wer mich so übel gezwickt hatte, das ahnte sie noch nicht, oder ahnte sie es doch? Das hab ich nie herausbekommen, was Mutter nun tatsächlich wußte und was nicht, was sie sich im Stillen zusammenreimte, was sie dachte, das konnte ich nur vermuten, aber sicher weiß ich nichts.

Denn als sie schließlich mit gerötetem Gesicht aus dem Zimmer trat und sich laut schneuzte, sagte sie nichts, sie nahm mich in die Arme, strich mir mit ihrer gütigen rauhen Hand über das Haar und drückte mich an sich. Nun konnte ich mich nicht mehr zurückhalten und heulte los, es brach aus mir heraus, wie wenn ein Stau bricht, in dem man lang die Flut zurückgehalten hat, ich erstickte beinah daran, aber ich mußte mich ausheulen, und Mutter hielt mich in den Armen, wir standen beide in der Küche, die kleine Resi saß auf der Couch und schlug mit einem Klapperl um sich und spielte. Ich weiß nicht, wie lang wir so standen, nur merkte ich nach einiger Zeit, daß ich nicht mehr heulen konnte, die Tränen waren weg, ich war sie losgeworden, und da löste ich mich aus Mutters Umarmung, und Mutter fragte, ob ich ihr beim Kuchen, *pei ter Packarei*, helfen möcht, was ich immer gern tat, wir sollten nämlich einen Weihnachtskuchen backen.

Ich begann dann, Nüsse zu mahlen, und Mutter knetete einen Teig, inzwischen legte sie Resi ins Bett, und es wurde sehr spät, bis der Kuchen endlich fertig war, aber die ganze Küche duftete süßlich und fein nach dem *Nußnstrudl*, als er fertig auf dem *Prerl* lag und braun glänzte, und Mutter lobte mich und sagte, ohne meine Hilfe hätte sie das heut nicht mehr geschafft.

Schließlich legten wir uns schlafen, wie immer, Mutter ins Zimmer zur kleinen Resi ins Bett und ich in die Küche auf die Couch, und es war sehr spät, als Vater endlich nach Hause kam und mit ihm eine Welle eisiger Luft von draußen in die warme Küche hereinströmte. Ich wachte natürlich auf, stellte mich aber schlafend, und ich glaube auch Mutter war erwacht, denn ich hörte im Zimmer ein Geräusch, dann entkleidete er sich, setzte sich auf den Couchrand, rülpste einige Male laut, woran ich erkannte, daß er betrunken war, und ließ sich schwer aufs Bett fallen, er zog an der Decke und irgendwie gelang es ihm auch, sich zuzudecken, aber erst als ich sein Schnarchen hörte, dankte ich der Mutter Gottes, daß sie mich an diesem Abend vor ihm beschützt hatte, und schlief ein.

Ich erinner mich noch sehr genau, es vergingen einige Wochen und in dieser Zeit ließ mich Rájszmán in Ruh, er kroch abends ins Bett und schlief ziemlich bald ein, und ich glaubte schon, ein Wunder sei geschehn, ich dankte der Mutter Gottes, und ich war so glücklich wie nie zuvor, ja, ich war auch ihm gegenüber freundlich und aufmerksam, und manchmal glaubte ich sogar, daß er vielleicht doch ein guter Vater ist, und darum sagte ich ihm bei jeder Gelegenheit: »Vater«, »ja, Vater«, »nein, Vater«. Ich dachte mir, jetzt muß er bemerken, daß ich ihn als meinen Vater betrachtete. Doch diese gute und friedliche Zeit dauerte nicht lang.

Nach etwa drei oder vier Wochen, so genau kann ich das nicht mehr sagen, verlangte er eines Abends, ich soll, bis er einschläft, auf einem Bein neben dem Bett stehn. Ja, das ist so komisch und so grausam, daß es mir niemand glauben wird, aber ich will es trotzdem sagen – sollen sich die Leut dabei denken, was sie wollen, gesagt muß es werden. Also, ich mußte mich am Abend nackt, das heißt, nur mit dem Schlafhemd bekleidet, neben die Couch stellen, auf der er lag, und dort mußte ich auf einem Bein stehn, so lang, bis er die Zeitung gelesen hatte. Er las nämlich jeden Abend die Zeitung im Bett, das dauerte manchmal eine Stunde, denn ihn interessierte alles, was so geschehn war, und außerdem las er sehr langsam. Inzwischen stand ich dort, barfuß, auf einem Bein, durfte mich nicht von der Stelle rühren, und erst wenn ich umfiel, durfte ich das Bein wechseln, wenn ich aber wankte und umkippte, holte er aus und verabreichte mir eine *Tetschn*, daß mir das Gesicht brannte. Nur wenn er getrunken hatte, verzichtete er auf die Zeitungslektüre, ja, dann war ich gerettet, dann kroch er gleich ins Bett und begann sofort zu schnarchen, ich roch nur seine Schweißfüße, aber er ließ mich in Ruh, und so betete ich jedesmal, wenn es Abend wurde, er soll doch diesmal später kommen und vorher in die Kneipe gehn, damit ich nachher schlafen kann.

Oft stand ich in der Küche am Fenster, während es draußen schneite und Mutter das Abendbrot vorbereitete, sah hinaus und betete in Gedanken: Heilige Mutter Gottes, bitte, mach, daß Vater nach der Arbeit in die Kneipe geht und sich betrinkt, bitte, mach, er soll betrunken sein, damit ich schlafen kann ... Manchmal erhörte die heilige Maria mein Stoßgebet, manchmal nicht, und wenn er nicht betrunken war, froren mir die Füße steif, und nachher im Bett versuchte ich, die Zehen so lange zu bewegen, bis sie wieder warm wurden, aber manchmal taten sie vor Kälte weh, und ich glaub, damals hab ich mir ein Rheuma geholt, wegen dem ich dann später, als ich schon in Oberwischau war, sehr zu leiden hatte.

Von all diesem ahnte Mutter nichts.

Wenn ich am Samstag in den Zuber stieg, stand sie neben mir und war sichtlich beruhigt, daß mein Körper keine blauen oder braunen Flecken mehr hatte, ich war immerhin schon zwölf Jahre alt, und sah wie eine kleine Frau aus, ich hatte Brüste bekommen, nach denen Vater immer wieder grapschte, aber er zwickte mich nicht mehr, doch auch das machte mir angst, jede Berührung seiner Hand, ja, sein Atem oder nur der Geruch seiner Füße und seines Körpers machten mir solche angst, daß ich gleich zu zittern begann, er freilich schien das anders zu deuten, und einmal, als Mutter nicht zu Hause war, und er wieder nach meinen Brüsten gegrapscht hatte, sagte er: »Du zitterst wie eine junge Stute.« Ich hab das nicht vergessen, denn mit einer Stute hatte mich noch niemand verglichen, die Buben in der Schule sagten zu uns Mädchen Gans, Ziege, Kuh. »Dumme Gans« hatte man mir schon oft gesagt, und ich hatte zurückschimpft: »Dummer Esel!« Das war unter Kindern so gang und gäbe, aber Stute, das hat nur mein Vater, der Rájszmán zu mir gesagt, und ich war zuerst ein wenig verwundert, denn ich konnte mir darunter nichts vorstellen. Esel, Gänse, Kühe – das waren Tiere, die man auf dem Wochenmarkt sehen konnte, die Nachbarin hatte einige Hühner und zwei Gänse, aber eine Stute hatte niemand, und so wußte ich auch nicht, wie eine Stute aussieht. Um Vater aber nicht zu verärgern, lachte ich, weil ich die Bezeichnung »junge Stute« spaßig fand, worauf er den Kopf schüttelte und sich den Schnauzbart zwirbelte, eine Geste, die mich unangenehm berührte, er sah mich nachdenklich an und sagte dann: »Kleine Kurwe, kleine Kurwe, was wird noch alles aus dir werden?«

Beim Wort *Kurwe,* das ich schon oft gehört hatte und von dem ich wußte, daß es etwas sehr Häßliches bedeutet, erschrak ich und betete im Stillen, er soll mir um Gottes Willen nichts antun. »Komm her, komm zu deinem Vater«, sagte er, und als ich zögerte, zog er mich auf seinen Schoß. Ich zitterte so, als würde ich nackt draußen in der Kälte stehn, »komm her, du kleine wilde Stute«, sagte er und hielt mich mit der einen Hand fest. Ich preßte meine Schenkel zusammen, meine ganze Kraft war in meinen Beinen, die ich nicht und nicht öffnen wollte, um keinen Preis in der Welt, dachte ich mir, lieber soll ich sterben, ich konnte nicht mehr beten, ich mußte mich wehren, ich weinte, und bat, flehte, »laßt mich in Ruh, lieber Vater, bitte, laßt mich los, ich will auch immer lieb zu Euch sein, bitte, macht mir nichts, es ist eine Sünd, bitte, laßt mich los«, so flehte ich ihn an, und er sagte: »Wenn du lieb zu mir sein willst, dann sei jetzt lieb und mach die Beine auseinander, du verfluchte kleine Kurwe, du störrische Stute, du verfluchtes Mansr...« Ja, ich weiß nicht mehr, was er alles vor Wut schnaufend so dahersagte, ich wehrte mich mit meiner ganzen Kraft, und ich muß sagen, daß mir diesmal doch die Heilige Mutter Gottes geholfen hat, denn ich war stärker als er, meine Beine hat er nicht auseinander machen können, obwohl er alles versuchte, mich kleinzukriegen, er zwickte mich zwischen die Schenkel, er kratzte mir die Haut blutig, und er riß mir das Schamhaar aus, ich wurde fast wahnsinnig vor Schmerz, und schließlich schrie ich wie am Spieß, wie ein Schwein, das gestochen wird, und da ließ er mich los, denn er fürchtete, die Nachbarn könnten kommen. »Du kleiner Teufel, du kleiner Teufel, du Teufelskurwe, Mansrkurwe, du Stutenkurwe ...«, so schimpfte er vor sich hin, aber er faßte mich nicht mehr an. Ich stand neben dem Ofen und zitterte, obwohl es heiß war, ich zitterte, und der Schweiß rann an mir herunter, ich war völlig kaputt, ich war fertig.

Kurwe, das war eines jener Wörter, die ich während meiner Kindheit immer wieder zu hören bekam, in Klausenburg und nachher in Oberwischau, ein Wort, das mir nachgeworfen wurde auf der Straße wie ein Stein, ein Wort, das mich zittern machte, ein Wort, wegen dem ich geweint hab, denn ich war keine *Kurwe*, ich hab nie herumgehurt, weder als kleines Mädchen noch später als junge Frau, ich hab nie herumgehurt, weil ich eine so furchtbare Angst hatte, ich könnte ein *Mansr* kriegen, ich könnte dasselbe Los haben wie meine arme Mutter, und außerdem fürchtete ich mich vor Männern, ich mußte immer an meinen Vater denken, an den verfluchten Kerl, der ja eigentlich nicht mein Vater war, dieser Rájszmán, und sicher waren nicht alle Männer schlecht, die sich mir später zu nähern versuchten, später, als ich Witwe war; ich hab viele zurückgewiesen, sehr viele, weil vielleicht nur ein Wort oder eine kleine Geste, eine Bewegung, ein Blick von ihnen mich an meinen Vater erinnerte, und diese Tatsache verursachte in mir einen solchen Widerwillen, daß ich den Mann nicht mehr sehn wollte, obwohl er vielleicht, wie gesagt, kein schlechter Kerl war und auch keine schlimmen Absichten hatte, aber eine kleine Ähnlichkeit mit meinem Vater genügte, um mich gefühllos zu machen.

Als ich an jenem Abend hörte, wie Mutter sich vor der Tür den Schnee von den Schuhen klopfte, war ich so froh, daß ich am liebsten vor Glück laut geschrien hätte, und als Mutter in die Küche trat, umarmte ich sie stürmisch, was ich sonst nie tat, und so war Mutter etwas verwundert, sie sah mich prüfend an, bemerkte, daß ich sehr blaß war und fragte: »Is was passiert?«

»Nein«, erwiderte ich und versuchte zu lächeln. Daraufhin stellte sie dieselbe Frage noch einmal an meinen Vater, der am Tisch saß und sich die Fingernägel schnitt, und der antwortete mürrisch: »Nichts ist passiert, was soll schon passiert sein, an was denkst du eigentlich?« Darauf sagte Mutter nichts und packte ein Stück Kuchen aus, das ihr die Frau, bei der sie waschen und bügeln war, für mich mitgegeben hatte. Ich dankte für den Kuchen und aß ihn geschwind auf.

Als wir dann so nach neun zu Bett gingen und Vater die Tür zum Zimmer schloß, dachte ich, daß er sich nun ausgetobt hatte, denn während des ganzen Abends war er fröhlich gewesen, ja, er hatte sogar einige Witze erzählt, worüber Mutter sehr lachen mußte. Sie lachte immer noch so laut und albern wie ein kleines Mädchen, dieses Lachen war das einzige, was sie aus der Zeit vor der Ehe mit dem Rájszmán bewahrt hatte, denn sonst schien sie immer sehr abgespannt und müde, und um ihre Mundwinkel liefen zwei Falten, was ihrem Gesicht nun einen strengen Ausdruck gab, Vater schloß also leise die Tür, um die kleine Resi nicht zu wecken, hier muß ich noch sagen, daß diese Tür jede Nacht zu war, und darum konnte er mich auch immer so quälen, Vater behauptete nämlich, das Plärren der Kleinen würde ihn nervös machen, denn manchmal wachte sie auf und greinte ein bißchen, und wenn Mutter sie nicht gleich beruhigen konnte, *kräckerte* sie drauflos; das geschah natürlich nicht jede Nacht, aber man konnte vorher nicht wissen, ob Resi aufwachte, und deshalb wurde die Tür, gleich wenn wir zu Bett gingen, geschlossen.

An jenem Abend holte nun Vater aus seinem Arbeitsranzen einen Lederriemen hervor, und ich dachte zuerst, er will mich damit schlagen, weil ich vorher so geschrien hatte, aber es kam anders: Zuerst befahl er mir, ich soll mich auf den Bauch legen, was ich auch zitternd tat, dann nahm er den Riemen und band mir die Oberschenkel fest zusammen. »So«, sagte er, »damit du sie nicht mehr auseinander machen mußt, jetzt bist du fest verschlossen, kein Türchen ist mehr offen, alles zu«, dann legte er sich ins Bett und begann zu schnarchen. Ich aber mußte mich zuerst daran gewöhnen, mit zusammengeschnürten Beinen zu schlafen, es war unbequem, auch begann ich zwischen den Beinen furchtbar zu schwitzen, aber ich wagte es nicht, Vater zu wecken, schließlich schlief ich doch ein. Gegen Morgen mußte ich pissen, oder, wie man auf deutsch sagt, die kleine Not machen, aber das ging nun nicht, weil meine Beine zusammengeschnürt waren, was mich übrigens sehr schmerzte, die Schnalle des Riemens befand sich auf der Rückseite, und ich konnte nicht ran, um sie zu öffnen, die Blase aber plagte mich so, daß ich mich schließlich überwand und Vater weckte. »Wenn ich aufsteh, gehst brunsen«, brummte er und drehte sich auf die andere Seite. Ich aber wußte, daß es keinen Sinn hatte, ihn weiter zu bitten, und so lag ich noch eine Stunde oder länger im Bett und krümmte mich wie ein Wurm, daß es nicht losging, denn deswegen hätte ich sicher Schläge bekommen. Als es dann Morgen wurde, stand Vater auf, zog die Stiefel an, nahm den Mantel um, setzte den Hut auf und ging aufs Klo in den Hof. Als er zurück war, hängte er umständlich Hut und Mantel auf, streifte sich die Stiefel von den Füßen, und erst dann löste er den Riemen von meinen Beinen.

Zuerst konnte ich nicht stehn und schon gar nicht gehn, weil meine Beine ganz steif waren und ich so zitterte, dann schlüpfte ich in die Hausschuhlappen, nahm den Mantel um und stolperte hinaus in die Kälte, ich kam aber nicht mehr bis zum Klo und mußte es vorher laufen lassen in den Schnee, denn in der Nacht hatte es geschneit, und dann schippte ich mit der Hand Schnee über den gelben Fleck, damit man am Morgen nichts sehn sollte. Als ich zurück ins Haus ging, zitterte ich vor Erleichterung und war auf einmal so schwach; als ich zurück ins Bett kroch, merkte ich, daß ich mich am Schlafhemd angepißt hatte, ein widerliches Gefühl, denn so etwas war mir noch nicht passiert.

Was soll ich noch viel darüber reden. Von da an band mir Vater immer wieder, je nach Laune, manchmal drei, vier Tage nacheinander, manchmal nur einmal in der Woche, die Beine zusammen, und darum trank ich auch abends keinen Tee mehr, bei uns gab es abends immer *Hetschenpetsch-* oder Kamillentee, und so verging die Nacht, ohne daß ich pissen mußte.

Damals bekam ich zum erstenmal meine Regel, und das war an einem Samstag, nachdem ich gebadet hatte. Ich sollte gerade zu Bett gehn, und da merkte ich, daß es kam, darüber erschrak ich so, denn bis dahin hatte ich davon nie etwas gehört, Mutter hatte mir nichts gesagt, und auf einmal dies Blut, und ich bekam eine solche Angst, daß etwas geschehn sein konnte, wovon ich nicht wußte, ich begann zu weinen, und plötzlich stand Mutter im Schlafhemd in der Tür und fragte, was los ist. Ich flüsterte ihr ins Ohr, daß Blut kommt, worauf Mutter mich hinüber ins Zimmer führte, mir eine Binde gab, das war eine Art Lappen, und mich aufklärte, sie sprach langsam und sehr leise, weil neben uns Resi schlief, und wiederholte einige Male, daß ich nun *a klaani Frau* bin und auch Kinder bekommen kann, darum muß ich höllisch aufpassen und mich vor Buben und Männern sehr in acht nehmen: »Wann tu mit anem nur amol Lieb machst, was a ßehr a grußi Ssind is«, sagte sie, »kann schunt a Kindl kummen.« Ich versprach ihr mit Tränen in den Augen, mich niemals mit einem Mann einzulassen. »Ja, erscht wann tu gheirad hast«, sagte Mutter, »darfst alles machn.«

Als ich schließlich ins Bett kroch, schnarchte Vater schon, ich hatte also diesmal die Beine frei, doch konnte ich nicht einschlafen, die Tatsache, daß ich nun *a klaani*

Frau war, beschäftigte mich, sie machte mich unruhig und ängstlich zugleich, ich hatte große Furcht vor dem, was nun auf mich zukommen würde, ich ahnte freilich noch nicht, wie schwer es ist, eine Frau zu sein auf dieser Welt, und wie ungleich unser Herrgott Freud und Leid verteilt hat. Das soll nun keine Kritik sein, Gott bewahre, und Gott verzeih mir die Sünd, falls ich das so gesagt hab, denn an dem, was Er geschaffen hat, darf der Mensch nicht rütteln, das ist so, und so wird es bleiben, ich mein nur, daß vielleicht manchmal einiges anders sein könnte, denn die Frauen sind ja auch Geschöpfe Gottes, und warum, kann man mir das sagen, warum haben sie es dann so schwer, so viel schwerer als die Männer?

Die Frauen, die Zipser Frauen, um es ganz genau zu sagen, haben ihr Leben lang immer nur das Leid gekannt, wenig Freud, dafür aber viel Leid, das heißt Schläge und Demütigung, und die Männer haben meistens das getan, was ihnen paßte... Wenn ich jetzt an meine Mutter denk, die von ihrem Leben nichts hatte, als Arbeit und Kummer, die ihre Hände am *Ripplprerl* rot und wund gerieben hat, die am Waschtrog krumm geworden ist, die mit dreißig eine alte Frau war und vom Leben nichts mehr zu erwarten hatte. Und dagegen der Rájszmán, mein sogenannter Vater, der ging in die Kneipe und soff sich mit seinen Kumpeln voll, für ihn war das ein großer Spaß, in der rauchigen Kneipe zu sitzen und über irgendwelche Dinge zu palavern, und diesen Spaß leistete er sich, auch wenn dabei sein halber Wochenlohn draufging, meine arme Mutter hingegen, die war nur einmal in einer Kneipe gewesen, und das war an jenem Tag, als sie den Rájszmán geheiratet hatte, für sie gab es keinerlei Vergnügen mehr, für sie war nur noch der Waschtrog da, der Kochherd, die täglichen Sorgen. Ich hab damals oft gedacht, ich werd nie einen Mann heiraten, ich werd lieber allein wohnen, Wäsche waschen oder bügeln, denn ich wußte nicht, daß eine Frau auch etwas anders tun könnte, aber das Geld, das ich auf diese Art verdienen würde, wäre dann mein, und ich müßte nichts mit niemandem teilen, ich müßte keinen besoffenen Mann neben mir dulden, keine verschwitzten Hemden oder Socken waschen, die er mir hinwirft: »Da, wasch mir die Socken, du bist ja meine Frau, tu deine Pflicht!«

Ja, bei der heiligen Kommunion war ich eine kleine Braut unseres Herrn Jesus Christus geworden, das war damals für mich ein sehr großes Erlebnis gewesen, aber in diese Geschichte gehört das nicht hinein, auch über meine Firmung, die ich noch in Klausenburg erlebt hab, ja, auch darüber werd ich hier nicht sprechen, denn das waren die kurzen Augenblicke, wo ich spürte, daß etwas da ist, was mir Kraft geben kann, etwas Großes, Starkes, etwas, an dem ich mich festhalten kann, und das will ich in dieser Geschichte für mich behalten. Vielleicht hat mich diese Kraft auch vor der Sünd und Schmach bewahrt, in die mich mein Vater hineinziehn wollte, ich weiß nicht, aber ich glaub doch, daß es die Kraft war. Vielleicht lächeln nun manche Leut, die dies hören und sagen, du hast Glück gehabt, das ist alles, aber ich bin eine einfache Frau, und ich glaub nicht ans Glück, das Glück gibt es nicht, der Mensch hat kein Glück, ich glaub auch nicht an den »glücklichen Zufall«, ich glaub aber an diese Kraft, die mir der Priester Kleindorfer-Kisfaludi bei der Firmung gegeben hatte, dieses Vertrauen in Gott, an das glaub ich, und wenn die Zeiten heut auch so sind, daß man über jemanden lacht, der einen Glauben hat, dann bitte, soll man über mich lachen, das Schlimmste ist das nicht, viel schlimmer ist es, wenn man jemanden beweinen muß oder wenn jemand keine Hoffnung mehr hat, keinen Ausweg mehr sieht, wenn jemand meint, alles ist verloren, Schluß, Ende, das ist schlimmer...

Und wenn ich nun ehrlich sein soll, einmal war auch ich soweit, auch ich hab einmal, trotz meinem Glauben, gezweifelt, und das soll mir Gott verzeihn, ich hab ihn so oft darum gebeten, und er wird es mir sicher verzeihn, das fühl ich, und ich täusche mich nicht in Gott, ja, ich hab einmal keinen Ausweg gesehn, und das war im März '43, etwa zwei Wochen, nachdem ich zum erstenmal meine Regel hatte.

Ich kam zu Mittag aus der Schule, holte die kleine Resi von einer Nachbarin ab, die auf das Kind sorgte, wenn meine Mutter waschen ging, dann wärmte ich in der Küche das vorgekochte Essen, ich fütterte zuerst meine Schwester, dann setzte ich mich an den Tisch, sprach ein Gebet und löffelte die Suppe hinunter. Draußen schien die Sonne, es war ein warmer Tag, der Schnee schmolz, es tropfte von den Dächern, und ich sah zum Fenster hinaus und freute mich auf den Frühling.

Im ersten Stock wohnte ein Ehepaar, das einen Sohn hatte, der ein Jahr älter war als ich, er besuchte jedoch nicht die einfache Grundschule wie ich, sondern ging in die Jesuitenschule, die sich neben der Kirche befand. Wir kannten uns, und was mir besonders an ihm gefiel: Er grüßte mich jedesmal, wenn wir einander begegneten, es war ein freundlicher Bub, immer ordentlich gekleidet und mit blondem, gescheiteltem Haar. Ja, an jenem Tag spielte der Bub, er hieß übrigens Pista, mit einem Ball im Hof, und ich beobachtete ihn, ohne daß er es merkte, durch das Küchenfenster. Als er sich einmal in der Nähe unserer Tür aufhielt, trat ich hinaus und fragte ihn, ob er meine kleine Schwester Resi sehn will, was hätte ich ihm auch anders zeigen können in unserer armseligen Wohnung, das einzige Schöne und Sehenswerte war eben die kleine Resi, damals gerade etwa zehn Monate alt. Er lachte und sagte, natürlich möchte er meine kleine Schwester sehn, und schon war er in der Küche, und ich führte ihn hinüber ins Zimmer, wo die Resi in ihrem Bettchen stand. »Joj, ist die süß«, rief er und kitzelte sie unter dem Kinn, die Kleine quietschte vor Vergnügen, und wir lachten und merkten nicht, daß mein Vater in der Tür stand.

Plötzlich brüllte er: »Was geht hier vor? Wollt ihr euch nicht gleich zur Kleinen ins Bett legen, ihr Unverschämten?!« Und im selben Augenblick verabreichte er mir eine

Tetschn, daß ich dachte, der Kopf fliegt mir davon, und zum Pista sagte er: »Marsch hinaus, du Hurensohn, verschwind oder ich reiß dir den Schwanz aus!«

Der arme Bub war so verstört, daß er wortlos aus der Wohnung schlich, und ich weiß nicht, ob er überhaupt mitbekommen hatte, was Vater da von sich gegeben hatte. »Du wirst auch so eine Kurwe werden wie deine Mutter«, brüllte er, »du bist ein Mansr, und sowas ist zur Kurwe geboren! Du kleine geile Sau, holst dir schon Männer ins Haus!« Ich konnte mich vor Schmerz und Scham nicht von der Stelle rühren, ich schämte mich vor Pista, und das war schlimmer als die *Tetschn.* Schließlich aber kam in mir eine solche Wut hoch, Wut und Angst, Scham und Verzweiflung, alles zusammen, und ich schrie ihn an: »Meine Mutter ist keine Kurwe, meine Mutter ist eine anständige Frau, eine anständige Frau, verstehst du das, du Teufel, du wahrhaftiger Teufel, der du bist. Ich laß dich nicht mehr so von meiner Mutter sprechen, und auch über mich sollst du das nicht mehr sagen, ich bin keine Kurwe, ich bin es nicht, und ich werd es nie sein, du aber bist der Teufel ...!« Ich schrie und meine Stimme überschlug sich, und auf einmal gab er mir noch eine *Tetschn,* eine so starke, daß ich den süßlichen Geschmack von Blut im Mund spürte, dann sagte ich nichts mehr und begann zu weinen. Vater aber nahm den Hut vom Haken, den Mantel hatte er nicht abgelegt, und verließ die Wohnung.

Nach einiger Zeit kam Mutter nach Haus, guter Laune, weil eine Frau ihr zehn Eier geschenkt hatte und etwas Zucker, es näherten sich die Ostern, und da mußte ich ihr doch alles erzählen, es war zum Heulen, meine arme, abgearbeitete Mutter, die so selten fröhlich war, und nun vermieste ich ihr die Laune und schilderte alles, wie es sich zugetragen hatte und daß ich unschuldig war, völlig unschuldig.

Mutter sagte darauf nichts, ich würgte an meinen Tränen, sie aber saß da, leicht nach vorn gebeugt, es ist, als seh ich sie auch heut noch, wie sie so dasitzt, unbeweglich, mit einem seltsam starren Gesichtsausdruck, als wär sie eine schöne große *Tockn,* und weil auch ich nun schwieg, hockten wir beide da in der Küche, drüben im Zimmer brabbelte Resi, sonst hörte ich nur den schweren müden Atem von Mutter, ja, und auf einmal merkte ich, daß aus ihren Augen dicke Tränen auf den Boden fielen, Mutter weinte still vor sich hin, nun, das hatte ich nicht gewollt, Mutter sollte meinetwegen nicht weinen, und ich flehte sie an, mir zu verzeihn, daß ich Vater angeschrien hatte, daß ich so frech gewesen war, sie sollte um Himmelswillen nur nicht weinen, denn das schmerzte mich noch mehr, als die Schimpfworte und die *Tetschn* des Vaters, ich kniete vor ihr nieder, ich küßte ihre rauhen roten Hände, die nach Waschseife rochen und ein wenig geschwollen waren, ich küßte wie wild diese Hände, die den ganzen Tag für mich und meine Schwester am Waschtrog viele tausendmal das *Ripplprerl* rieben, und ich bat Mutter, nicht mehr zu weinen.

Schließlich strich sie mir mit der Hand übers Haar und lächelte, während immer noch die Tränen an ihrem geröteten Gesicht herunterliefen, und was sie damals sagte, hab ich bis heut nicht vergessen, es waren nur ein paar Worte, die ich nicht so genau verstand, aber die ich mir gemerkt hab: »Was weißt tu, mein Kind, vum Lebn?«

Ja, was wußte ich mit meinen zwölf, dreizehn Jahren vom Leben?

Im Lesebuch war ein Stück, das wir gerade durchnahmen, und da stand ein Satz, den ein kleines Mädchen ausrief, als es mit seinen Eltern eine Reise durch das Land machte: »O, wie schön ist das Leben!« Ich aber fragte mich damals, und ich fragte mich manchmal auch nachher, wenn ich am Tisch in der Küche saß und die Schulaufgaben machte: »Ist das Leben schön? Und was soll eigentlich schön sein an diesem Leben?« Ehrlich gesagt, ich dachte oft daran, wie schön es wäre, tot zu sein, in den Himmel zu kommen und bei den Engeln zu sitzen, ja, sicher müßte man auch dort arbeiten, denn ohne Arbeit geht doch nichts, aber im Himmel gab es keinen Vater, der einen quälte, es gab da überhaupt keine bösen Menschen, denn die saßen in der Hölle, und dahin würde ich sicher nicht kommen, und Mutter sicher auch nicht, denn sie hatte in ihrem Leben nie etwas Böses getan, die Tatsache, daß ich keinen richtigen Vatter hatte, war keine Sünde, es war nur eine Ungerechtigkeit, die uns das Leben beschert hatte und die man hinnehmen mußte, wie so viele andere Dinge. Gern hätte ich einen Vater gehabt, den man achten und lieben kann, dem man sich anvertrauen kann, der nicht zudringlich wurde und vor dem man keine Angst hatte, mein Gott, dachte ich oft, warum hab nicht auch ich so einen Vater wie der Pista oder wie die Kinder aus meiner Klasse, die mit ihren Vätern festlich gekleidet sonntags spazieren gingen, oft dachte ich, wie schön das sein muß, wenn man jemand Erwachsenen an der Hand fassen kann, jemand, der einen führt, jemand, mit dem man sprechen kann, jemand, den man über dies und jenes fragen kann, der auch Bescheid weiß über Dinge, die nicht im Schulbuch stehn – dieses Glück hatte ich nicht, denn Mutter stand auch sonntags am Kochtopf, wusch die Sachen der Kleinen, stopfte Socken und Strümpfe, für sie war auch Sonntag ein Arbeitstag, Vater aber ging mit Freunden in die Kneipe, er machte sich fein, bürstete sorgfältig seinen Schnurrbart vor dem Spiegel, der über der Anrichte hing, setzte sich den Hut ein wenig schief auf, wodurch er verwegen und unternehmungslustig aussah, dann kniff er die Augen listig zusammen, dabei ähnelte er dem Kater der Nachbarin, und winkte Mutter und mir mit der Hand; Gott, wie ich diese Geste haßte, seine Fröhlichkeit und dann Mutters Kummer, denn sie war nachher meist sehr still, rührte mechanisch in den *Reindln* am Ofen, bügelte oder stopfte zwischendurch Socken.

Das waren die Sonntage.

Von den Wochentagen hab ich schon erzählt, die waren

auch nicht anders, nur, daß dann Mutter waschen ging und ich allein zu Hause hockte und ängstlich auf das Erscheinen meines Vaters wartete.

An jenem Abend, nach dem Vorfall mit Pista, kam er übrigens sehr spät nach Hause, Mutter saß noch beim kümmerlichen Licht der Küchenlampe und stopfte oder nähte irgend etwas, ich lag längst im Bett, konnte aber nicht einschlafen.

Plötzlich ging die Tür auf und Vater stand in der Küche, er legte ziemlich umständlich Mantel und Hut ab, woran ich erkennen konnte, daß er wieder getrunken hatte, dann wankte er zu einem Stuhl, ließ sich schwer nieder und fragte Mutter: »Na, hat dir unser Flitscherl von seiner neuesten Eroberung erzählt, die versteht schon ihr Handwerk, die kleine Unschuld aus den Bergen!« Etwa so pflegte er sich auszudrücken, wenn er ironisch sein wollte, es klang sehr gebildet, und ich muß sagen, das einfache Volk sprach nicht so wie Vater, er hatte eben die Begabung, ganz besondere Wörter auszusuchen, und die konnte er auch so verwenden, daß es einen ungeheuren Eindruck machte. Nur auf Mutter schienen seine Worte diesmal nicht zu wirken, sie antwortete mit leiser müder Stimme: »Laß es gut sein, Gábor.«

Das brachte ihn nun sichtlich in Wut, und er brüllte: »Was heißt, laß es gut sein, Gábor, was soll der Unsinn, was soll ich gut sein lassen, deine Tochter vielleicht? Die ist ja schon durch und durch gut, eine bessere kann man sich gar nicht wünschen, so gut ist die, und du weißt dazu nichts zu sagen, als laß es gut sein, Gábor«, und dabei äffte er ihre Stimme nach, »hinausschmeißen muß man solche Frauenzimmer wie deine Tochter, die wird mir noch die Resike verderben, dann haben wir gleich zwei Flitscherl im Haus! Und was wirst du dann sagen? Wirst du dann auch sagen: laß es gut sein, Gábor, oder ist dann dein bißchen Verstand so weit gereift, daß du bemerkst, was hier eigentlich vorgeht?« Vater redete, nein, er brüllte, und er fand kein Ende mehr, während Mutter dasaß, leicht nach vorn gebeugt, aber diesmal fielen keine Tränen mehr auf den Boden, sie saß einfach da und ließ die Flut von Worten und Beschimpfungen über sich ergehn. Was mir damals auffiel, war, daß er mich nicht mehr eine *Kurwe* nannte, dieses harte Wort verwendete er an jenem Abend nicht, er sagte nur immer wieder, was für ein *Flitscherl* ich bin, ein kleines Luder und ähnliches, ich aber lag im Bett und betete in Gedanken, er soll schon einmal aufhören, und Mutter soll nicht wieder weinen, diese beiden Gedanken beschäftigten mich.

Irgendwann hatte er dann ausgeredet, ging zur Kredenz, wo eine Wasserkanne stand, und nahm daraus einen langen Zug. Bevor er zum Tisch zurückkehrte, sagte Mutter mit weinerlicher Stimme: »Ich werd sie wegschikken, dann gibt es keinen Ärger mehr.«

»Wúhin willst mich schicken, Mama?« fragte ich, »i mecht nit fort vun Eich und ter Resi!«

»Wirst gehn fier einigi Zeit auf Wischau, mein Kind, zu tie Oma, turtn is aa scheen.«

»Ja«, freute sich Vater, »soll sie dort die Gegend unsicher machen, auf dem Dorf gehts ja sowieso drunter und drüber, alle jungen Mädchen, die Mansr kriegen, kommen ja vom Dorf.«

»Wirst gut habn pei tie Oma«, sagte noch Mutter, erhob sich, wünschte Gute Nacht und ging hinüber ins Zimmer, schlafen.

Vater erwiderte nichts, er saß am Tisch, und nach einiger Zeit begann er mit den Fingern im Marschrhythmus zu trommeln: rum-tata, rum-tata ...

Schließlich fragte er und seine Stimme klang anders als sonst: »Hast mich lieb, Annuschka?«

»Ja, Vater«, log ich.

»Wie gut du lügen kannst«, schnaufte er, »wie gut du lügen kannst, du bist doch eine kleine Kurwe, oder du wirst eine werden, und das sehr bald. Natürlich liebst du mich nicht, natürlich haßt du mich, du haßt mich wie den Teufel, aber du kannst so schön lügen, du kleine Kurwe, und das tut weh, das schmerzt einen Vater, hier schmerzt es ihn, in der Brust ...« Etwa so sprach er, sein Atem ging schwer, und ich hatte einmal den Eindruck, er würde sich eine Träne wegwischen, während er dahinredete, mir Liebeserklärungen machte, mich aber gleichzeitig beschimpfte: »Ich hab dich so lieb, wie nur ein Vater seine Tochter lieben kann, du kleine Kurwe ...« Das ging so, glaub ich, bis gegen Mitternacht, dann zog er sich aus und kroch ins Bett, ohne mich jedoch zu belästigen.

Erst als er schnarchte, sprach ich mein Nachtgebet und schlief ein.

Es war gegen Morgen, und ich erwachte, weil Vater das Bett verlassen hatte und sich an der Kredenz zu schaffen machte, und obwohl das Licht brannte, konnte ich zuerst nicht genau erkennen, was er dort tat, auch wollte ich mich nicht bewegen, damit er nicht merkte, daß ich wach war, ich konnte aber erkennen, wie er etwas aus einem Lädchen nahm und in seinen Rock steckte, der über einer Stuhllehne hing, dann kroch er vorsichtig, um mich nicht zu wecken, wieder ins Bett. Ich konnte nicht mehr einschlafen, bewegte mich aber nicht, und auch er lag ruhig da, bis es Zeit zum Aufstehn wurde und Mutter aus dem Zimmer kam, um ihm die Fettbrote für die Arbeit zu schmieren. Als er gegangen war, stand auch ich auf und machte mich für die Schule fertig. Daß Vater etwas aus der Kredenz genommen hatte, sagte ich Mutter nicht, und das war mein Fehler, aber ich wollte ihr jeden Ärger ersparen, und außerdem ging es mich ja nichts an, wenn Vater sich in einem Lädchen zu schaffen machte, ich hatte dort nichts verloren, meine paar Schulhefte und Lesebücher bewahrte ich in der Lade des Küchentisches auf, sonst besaß ich nichts, was irgendwo aufbewahrt werden mußte, eine Puppe oder anderes Spielzeug hatte ich nicht.

Das war an einem Samstag.

Ich erinner mich noch genau, daß ich dann wie immer in die Schule ging, Mutter blieb diesmal zu Hause, denn Samstag war sie selten Wäsche waschen, manchmal ging sie für ein paar Stunden bügeln, aber oft blieb sie zu Haus und kochte vor für Sonntag.

Als ich zu Mittag nach Hause kam, war Mutter seltsam still, sie erwiderte kaum meinen Gruß, und als ich sie fragte, ob sie Ärger hatte, sagte sie: »Wu ist tas Geld, was war im klaanen Ladl?«

»Was fier a Geld, Mama?« fragte ich, und gleichzeitig fiel mir ein, daß Vater am frühen Morgen dort sich zu schaffen gemacht hatte.

»Tas ganzi sparti Geld, Annzu!« schrie Mutter und begann zu schluchzen, während sie sich auf die Ofenbank setzte. »Alles! Verstehst? Alles! Alles is weg!«

»I hab nix wegnommen, Mama«, beteuerte ich, und in meiner Brust zog sich etwas zusammen, der bittere Knödel würgte mich wieder im Hals, ich versuchte, mich zu beherrschen, doch gleichzeitig wußte ich, daß etwas sehr Schlimmes geschehn war, und das nahm mir wieder die Kraft, die Beherrschung, ich konnte mich nicht mehr zurückhalten, um so mehr, da Mutter mich zu verdächtigen schien, jedenfalls schrie sie noch einmal: »Tas ganzi Geld, Annzu, tas ganzi Geld, wu is tas ganzi Geld hinkummen?«

»Heint in Fruh hat ter Tata ßes genommen«, sagte ich nun, »i hab gßegn, wie er ßes hat genommen, Mama«, und mußte heulen, denn ich wußte, daß ich etwas sehr Böses behauptet hatte, aber es war ja die Wahrheit, denn wer sonst hätte das Geld nehmen können, ich war doch wach gewesen, als er sich beim Lädchen zu schaffen machte, ich hatte alles gesehn.

Mutter schrie: »Tes is nit meeglich! Tes is a Lugn!«

Ich schrie zurück, denn mich regte es sehr auf, daß Mutter mich so anfuhr, denn bis dann war sie immer so ruhig und beherrscht gewesen, sie hatte zu mir nie ein böses Wort gesagt, wahrscheinlich hatte sie immer allen Kummer *in ßich hineinschluckt, in ßich fressn,* wie man auch sagt, und jetzt kam auf einmal alles aus ihr heraus, ich schrie also zurück: »Tes is ka Lugn nit, tes is tie reinsti Wahrheit, ter liebi Gott ßoll mich strafn, wann i hab gßagt a Lugn!«

Das Bild, wie Mutter so auf der Ofenbank dasaß, die Hände im Schoß gefaltet, mit gerötetem Gesicht, und wie sie so vor sich hinstarrte, dies Bild hab ich bis heut nicht vergessen, auch jetzt seh ich sie noch so dasitzen, ein wenig nach vorn gebeugt, wie sie vor sich hinstarrt, zwei scharfe Falten um den Mund, aber sonst immer noch ein schönes Gesicht, das schwarze dichte Haar in der Mitte gescheitelt und hinten zu einem *Konch* zusammengebunden, sie war damals neunundzwanzig Jahre alt, keine junge Frau mehr, sie hatte ein bitteres Brot gegessen, sie hatte *ka Freid nit ghabt*, das, was ich ihr am Neujahrsmorgen all die Jahre gewünscht hatte: *Fried und Freid, Einigkeit und tie liebi Gßundheit* – das war nie in Erfüllung gegangen, meine arme Mutter, mit siebzehn hatte sie ausgesehn wie eine Filmschauspielerin, sie war, wie fremde Leut feststellten, eine richtige Schönheit gewesen, und nun, was war aus ihr geworden: Mit neunundzwanzig war sie alt, müd, *abmiedet*, wie es bei uns heißt, sie hatte einen Mann, der mit seinen Kumpeln in der Kneipe saß und der jetzt das ersparte Geld genommen hatte, wobei der Verdacht auf mich fiel, denn wer wagte es, ihn danach zu fragen; in mir kam eine solche Wut hoch, ein solcher Haß, ich konnte diesen verfluchten Mann, wegen dem meine Mutter soviel zu leiden hatte, der mir ständig Angst machte, ich konnte diesen Mann nicht mehr sehn, ich haßte ihn aus der Tiefe meines Herzens, ja, ich weiß nicht, ob das richtig gesagt ist, aber ich hab das so gefühlt: Aus der Tiefe meines Herzens kam ein ganz großer Haß, ein Haß, der mich fast verrückt machte, ich zitterte, aber diesmal nicht wie sonst vor Angst, sondern vor Haß, vor Wut.

Später, in Oberwischau, hab ich öfters gehört, daß Kinder, die *in ter wildn Lieb* gemacht wurden, zu allem fähig sind: Sie können sehr große Opfer bringen, sie können aber auch sehr böse sein, in ihnen, sagt man, steckt ein

Engel und ein Teufel, die ständig miteinander streiten, manchmal siegt der Engel, das kommt jedoch selten vor, meistens siegt der Teufel, und dann tun sie Dinge, die ein anders Kind nicht tun könnte, sie tun das, was ihnen der Teufel zuflüstert ... Mir flüsterte der Teufel damals zu, ich soll den Rájszmán töten, ja, ich kann es jetzt sagen, denn er ist schon längst tot, begraben, vergessen, nur in meinen Träumen lebt er noch, und das ist auch wahrscheinlich wegen dem Teufel, der ihn mir aus der Hölle schickt, manchmal in der Nacht, wenn er sich einen Spaß machen will, dann schickt er seinen Geist nach oben zu mir, ja, das ist so, und das wird sich vielleicht ändern, wenn ich mich *freisprochen* hab, das kann nämlich nur ich, niemand kann mir da helfen, ich muß mich selbst von dem Teufel, der mein Vater war, *freisprechen.*

Das war im März '43, zuerst war die Sache mit dem Pista gewesen, weshalb ich mich jedesmal schämte, wenn ich dem Buben begegnete, und jetzt die Sache mit dem ganzen ersparten Geld, und da kam dieser große Haß in mir hoch, der Teufel hatte mich *fest in ßeini Händ genommen,* und ich dachte nur eines: Du mußt etwas tun, damit dieser Rájszmán verschwindet, etwas tun, daß Mutter nicht mehr so dasitzt, ein Haufen Unglück, krumm und mit gerötetem Gesicht, ja, hab ich mir gedacht, was kann man aber tun gegen einen Mann wie diesen Vater, ein Mann, der so kräftig ist, daß er mir alle Knochen im Leib zerbrechen könnte, wie soll man sich an dem rächen? Vor Wut und Ohnmacht begann ich zu weinen, doch als mich Mutter mit einem bittenden Blick ansah, würgte ich die Tränen hinunter, und da machte sie mir mit der Hand ein Zeichen, ich soll näher kommen, ich kniete vor ihr nieder, und sie strich mit ihrer rauhen Hand über mein Haar, mein Gott, wie gut das tat, jetzt spürte ich, wie der Engel in mir siegte, sie strich einige Male über mein Haar, dann sagte sie leise: »I weiß, mein Kind, nit tu pist ter Fehler, nit tu hast tas Sparti gnommen.«

Nun, es war das Ersparte meiner Mutter gewesen, das sie in den letzten Jahren, Pengö für Pengö, denn es gab damals ungarisches Geld, 1940 war Nordsiebenbürgen wieder an Ungarn angeschlossen worden, zusammengelegt hatte, und dieses *Sparti,* mit dem wir nach Oberwischau fahren sollten, war nun weg, nichts mehr war da, das Lädchen klaffte leer, und der, der es genommen hatte, saß vielleicht schon in einer Kneipe und verplemperte es mit seinen Kumpeln, mit diesen verfluchten Kerlen, die genauso waren wie er, ja, mich brachte das in helle Wut, denn ich ahnte, wie schwer meine Mutter das Geld zusammengetragen hatte, weil er ihr ja nichts für den Haushalt gab, sondern nur Miete, Licht und Heizung bezahlte, und um alles andere, Essen, Kleidung, Schulgeld für mich, mußte sich Mutter allein kümmern, daß sie trotzdem etwas beiseitelegen konnte, war ein großes Wunder, denn die Zeiten waren auch damals nicht leicht, und ich wußte, daß es gewisse Lebensmittel nur noch *auf Ration* gab.

Vater kam an jenem Tag sehr spät nach Haus, ich glaub, es war schon nach Mitternacht, und Mutter hatte sich ins Bett gelegt, auch ich lag auf der Couch in der Küche, konnte aber vor Aufregung nicht einschlafen, weil ich ahnte, daß es noch etwas geben wird, ich döste so vor mich hin, als Vater ziemlich geräuschvoll die Tür öffnete und hereintrat, er wankte zu einem Stuhl, streifte die Stiefel von den Füßen, legte dann Hut und Mantel ab, rülpste laut, kratzte sich am Kopf und gähnte, und dann schien es, als würde er sitzend einschlafen.

Plötzlich stand Mutter in ihrem weißen Leinenhemd in der Tür, die nur angelehnt war, und das hatte er nicht bemerkt, und Mutter sagte: »Mein ganzes erspartes Geld ist weg, Gábor.«

»Na und?« erwiderte er gereizt und mit schwerer Zunge. »Na und, na und, na und? Was hab ich mit deinem Geld? Ich hab mein Geld, mein Geld, für das ich schwer arbeit! Ich brauch kein fremdes Geld!«

»Es ist aber weg, Gábor«, sagte Mutter leise, und ihre Stimme zitterte, und ich wunderte mich, wieso sie soviel Mut hatte, Vater das noch einmal zu sagen.

»Was«, schrie er, »du glaubst vielleicht, ich hab dir dein beschissenes Geld genommen, deine paar Pengö, die du versteckt hältst. Ich brauch deine beschissenen Pengö?! Die Kleine da hat sie genommen«, brüllte er weiter, »diese da, die braucht sowas, um ihre Liebschaften zu bezahlen, die ist zu allem imstand, die hat den Teufel in sich, der ist nicht zu trauen, schau dir einmal ihr Gesicht an, diese Augen, das sind falsche Augen, Augen von einem Flitscherl, das nur noch an das eine denken kann ...« Vater sprach wie ein Wasserfall, er fand kein Ende, und Mutter saß da, leicht nach vorn gebeugt, und sie sagte nichts.

Plötzlich spürte ich wieder diese unmäßige Wut in mir hochkommen, und ich schrie: »*Ihr* habt das Geld genommen, heut in der Früh, ich hab Euch gesehn!«

Auf einmal war es still, Vater sagte kein einziges Wort mehr, er schnaufte ein paar Mal, dann sah er mich mit glasigen Augen an und brummte: »Du hast mich gesehn, du?«

»Ja«, sagte ich und zitterte am ganzen Leib.

»Wenn du mich gesehn hast«, meinte nun Vater mit schwerer Zunge, ohne den Ton zu erheben, »dann bin ich ja der Räuber, dann ist ja alles klar, ich hab die Ersparnisse deiner Mutter gestohlen, ich bin ein Dieb, ich werd ins Gefängnis gehn, denn dorthin gehören die Diebe, aber jetzt geh ich erst einmal ins Bett, denn ich bin verdammt müd, hab einen schweren Tag hinter mir.«

Mutter erhob sich, ohne ein Wort zu sagen, ging hinüber ins Zimmer und schloß hinter sich die Tür. Vater zog sich langsam aus, trank noch ein Glas Wasser und kroch ins Bett, wonach er sofort zu schnarchen begann.

Ich lag wach, versuchte zu beten, doch wofür sollte ich Gott danken, ich hatte keine Kraft mehr, ein Gebet zu sprechen, ich konnte nicht einschlafen, und während ich so dalag, kam eine solche Wut in mir hoch, *a ßo a starki Gaal,* wie man bei uns sagt, daß es mir die Kehle zuschnürte. Neben mir lag der Mann, der uns soviel Kummer gebracht hatte, doch nicht nur Kummer, sondern auch Angst und Tränen, und dieser Mann schlief ruhig und schnarchte, nachdem er eben Mutters Ersparnisse durchgebracht hatte, ja, er schlief, und ich konnte nicht einschlafen, weil sie einfach fertig war, fertiggemacht von diesem Mann, der nun schnarchte, als müßte er einen ganzen Wald absägen.

Ich erhob mich vorsichtig, schlich zur Kredenz und wollte aus der Lade das große Küchenmesser nehmen, aber weil es dunkel war, konnte ich es nicht gleich finden, tastete ein wenig herum, suchte zwischen dem Besteckkästchen, etwas klapperte hell, es waren die Schöpflöffel, und plötzlich öffnete sich die Tür vom Zimmer, und im Lichtschein stand Mutter, gerade als ich das Küchenmesser gefunden hatte.

»Jeschusch-Maria, was machst turtn?!« sagte sie leise. Ich legte das Messer schnell zurück und schob die Lade zu, denn Vater war erwacht und brummte: »Was ist mit euch beiden, warum schlaft ihr nicht? Seid ihr nicht müde?«

»Die Annuschka hat Bauchweh«, log Mutter.

»Bauchweh, Bauchweh«, brummte er, »wer weiß, warum die Bauchweh hat, die wird wohl was angestellt haben, die mit ihrem Bauchweh ...« Doch dann schnarchte er weiter, und Mutter zog mich zu sich ins Zimmer, schloß vorsichtig die Tür und gab mir eine *Tetschn,* aber im Vergleich zu den Ohrfeigen, die ich bisher bekommen hatte, war dies eher ein Streicheln, trotzdem schmerzte sie, denn Mutter hatte mich bis dahin nie geschlagen.

»Ssowas ßollst niemalst nit mehr machn, tes is tie greeßti Ssind«, sagte sie und hielt mich mit beiden Händen an den Schultern fest, dann schloß sie mich in die Arme, und wir standen beide so, einige Zeit, bis wir zu frieren begannen.

»Verziegt mir, Mama«, bat ich noch, und dann schob sie mich hinüber in die Küche, und ich kroch zu Vater ins Bett, er schnarchte und hatte keine Ahnung, daß ich ihn zuvor umbringen wollte, er schnarchte wie ein Holzhakker, ich aber war ein wenig traurig, daß ich es nicht geschafft hatte, aber mehr als traurig war ich froh, ehrlich gesagt, eigentlich war ich doch froh, daß mich der Engel diesmal vor einer solchen Tat bewahrt hatte, und dieser Engel war meine Mutter gewesen, ja, sie war in dem Augenblick gekommen, als der Teufel mich schon losgeschickt hatte, ich soll den schlafenden Vater töten.

Ich lag wach im Bett, die Pendeluhr schlug viermal und dann zweimal, es war also zwei Uhr nachts, und auf einmal konnte ich auch wieder beten, und ich dankte unserem Herrgott und der heiligen Maria, daß sie mich vor einer großen Sünd beschützt hatten, und auch heut dank ich ihnen noch, weil das hätte mein Leben ganz verändert, wer weiß wie, jedenfalls wäre vielleicht meine arme Mutter an dieser Sache zugrund gegangen, und der kleinen Resi hätten die Kinder auf der Gasse nachgerufen: »Deine Schwester is a Mörderin!« und wer weiß, was noch. So aber hat davon außer Mutter und mir niemand was gewußt, und wenn es jetzt alle Leut erfahren, stört es mich nicht mehr, denn jetzt ist mein Vater schon längst tot, begraben und vergessen, und mir kann man nichts mehr tun, niemand kann mir nichts mehr tun, und verspotten wird man mich auch nicht mehr, die Zeiten haben sich geändert, niemand wird ein Wort darüber verlieren, daß ich mit zwölf Jahren meinen Stiefvater mit dem Küchenmesser hab umbringen wollen. Siehst, so sind die Zeiten, die heilen alle Wunden, aber sie helfen auch vergessen, und wenn etwas so weit zurückliegt, dann berührt es niemanden mehr, denn wer fragt heut noch nach den Juden, die es einst in Oberwischau gegeben hat, auch sie wurden weggeführt und sind in einem Lager, in Auschwitz gestorben, aber das liegt schon so weit zurück, daß niemand mehr daran denkt, und so kann auch ich jetzt diese Sache über meinen Stiefvater erzählen, ich kann alles sagen, auch daß ich ihn hab mit dem Messer töten wollen, niemand wird nachher ein Wort drüber verlieren, die Leut interessieren sich dafür nicht, aber was gestern oder heut geschehn ist, ganz gleich, ob es sich um dummen Klatsch oder um eine ernste Sache handelt, das hören sie gern, da spitzen sie die Ohren, darüber sprechen sie dann einige Tage, aber was vor siebenundvierzig Jahren war, das ist wirklich uninteressant...

Ich besuchte damals die fünfte Klasse der ungarischen Volksschule, und da wurde auch Deutsch als Fremdsprache unterrichtet, das heißt, man konnte wählen zwischen Deutsch und Französisch, nun, die meisten von uns waren bei Deutsch, und in einer der ersten Stunden, als der Lehrer Graaner unsere Namen aufrief, fragte er mich, ob ich tatsächlich Rájszmán heiß, oder ob mein richtiger Name Reismann ist, und er schrieb den Namen dann so, deutsch, an die Tafel: »Annemarie Reismann muß das doch heißen«, sagte er. Was sollte ich darauf antworten, ich war sehr verwundert, sagte aber, daß mein Vater, Rájszmán Gábor, ein echter Ungar ist, meine Mutter, ja, meine Mutter ist aus Oberwischau in der Marmarosch, so nannte man damals die Maramuresch, eine Zipserin aus der Marmarosch, aber ob die Zipser Deutsche sind, weiß ich nicht. »Sehr interessant, sehr interessant«, sagte Lehrer Graaner, also eine Zipserin, eine Zipser Sächsin ist deine Mutter, und weißt du vielleicht, wie sie als Mädchen geheißen hat? »Rosnitschuk« erwiderte ich, »Therese Hedwiga Rosnitschuk.«

»Naja«, sagte nun Lehrer Graaner, »ein wenig ukrainisches Blut habt ihr auch in eurer Familie, aber das ist nicht so schlimm.«

Ich verstand von dem Ganzen nichts, wunderte mich aber sehr, daß er mich nach dem Namen meiner Mutter gefragt hatte, und als ich am Abend davon Mutter erzählte, zuckte sie die Schultern und sagte: »Sso ßein tie Lehrer, ßie fragn und tie Schieler missen gebn a guti Antwort, wann nit, kriegens a schlechti Notn.« Damit war die Sache abgetan, doch unter den Lehrern hatte ich nun einen Freund, einer, der freundlicher als die andern zu mir war, denn die andern beachteten mich kaum, ich gehörte zu den ärmsten Kindern in der Klasse, vielleicht war ich die ärmste, jedenfalls meinte ich damals, daß niemand so bescheiden gekleidet war wie ich, sehr bescheiden, aber sauber, denn meine Mutter legte großen Wert darauf, daß ich immer weiße Strümpfe trug, freilich nur in der Schule, und zu Hause mußte ich sie sofort ausziehn, und mein Schulkleid war aus einem sicher sehr billigen Stoff, aber wie gesagt, alles *ßaubr und immer scheen biegelt,* trotzdem hatte ich keine richtigen Winterschuh, und mein Schulranzen war uralt und schäbig, doch das alles störte Lehrer Graaner nicht, er behandelte mich so, als wär ich die Tochter vom Fleischer Puskás oder der Sohn vom Konditor Szélmánn, beide waren Lieblinge der Lehrer, denn der eine, das wußte ich, schickte ihnen bei jeder Gelegenheit ein Paket mit feinem Fleisch nach Hause, das hatte die Erszike, die Tochter selbst erzählt, und der andere schickte ihnen gelegentlich Törtchen, und so wurden die beiden Kinder bevorzugt behandelt, aber beim Graaner, da war ich die Lieblingsschülerin, das muß ich sagen, und er gab sich sehr viel Mühe, mich ein gutes Deutsch zu lehren, er betonte immer, wie wichtig es sei, daß jene, die einen deutschen Namen haben, auch gut deutsch sprechen können. Freilich waren da mehrere mit deutschen Namen, an einen, Rásztlmájer Jenö, erinner ich mich auch noch, aber der wollte nicht deutsch lernen, der wechselte hinüber zu Französisch, und ob er bei Französisch besser war, weiß ich nicht, bei Deutsch war er jedenfalls sehr schwach gewesen.

Dieser Rásztlmájer war im Alphabet gleich nach mir, und wenn wir am Morgen, in der ersten Schulstunde aufgerufen wurden, dann hieß es immer: Preiszler, Rájszmán, Rásztlmájer, Rotwein, Rubiner, Sárkánya, Szélmann... Preiszler war ein Jud, dann kam ich, dann der

Rásztlmájer, der ein Ungar war, und dann kamen zwei Juden und zwei Ungaren, das heißt, der Rotwein Samu war ein Bub, und die Rubiner Judith ein Mädel, ein sehr schönes Mädel übrigens, sie spielte auch Klavier, und ihr Vater hatte einen kleinen Laden, wo man allerhand kaufen konnte, Knöpfe, Nähnadeln, bunte Bänder für die Schürzen, ja, solches Zeug, sie sah sehr hübsch aus, die Judith, sie hatte dunkelrotes Haar und eine sehr weiße Haut, ihre Hände aber waren schmal und die Finger sehr lang, ich hab sie immer bewundert, wegen den schönen Händen, und dann dieses Gesicht mit dem dunkelroten Haar, sie war schön wie eine *Tockn,* oft hab ich mich gefragt, was für Finger wohl meine Mutter hätte, wenn sie nicht waschen müßte, denn auch die Mutter von der Judith hatte so feine Hände, die war einmal in der Schule gewesen, und da hab ich gleich auf ihre Finger gesehn, und die waren wirklich sehr fein, lang und mit rosa gefärbten Nägeln. Doch nicht alle Judenkinder hatten feine Hände und lange Finger, die vom Rotwein Samu waren dick und *treckert,* und die vom Preiszler Jozsi waren auch nicht schön, na ja, so, wie eben Finger von Buben sind.

An die anderen Lehrer kann ich mich nur noch dunkel erinnern, ihre Namen hab ich vergessen, und von manchen weiß ich nicht mehr, wie sie ausgesehn haben. Graaner war ein kleiner Mann, hatte dunkles Haar und eine Brille mit Goldrahmen, er sah sehr fein aus, trug immer einen dunkelgrauen Anzug mit einer blauen Krawatte, er hatte übrigens auch so weiße schmale Hände wie die Judith, aber ob er auch Klavier spielte, weiß ich nicht. In seinen Stunden war ich jedenfalls die Beste, denn oft mußte ich ein Lesestück, das wir gerade durchnahmen, ganz allein vorlesen, und jedesmal bekam ich dafür viel Lob. Es war zum erstenmal in meinem Leben, daß jemand mich immer wieder lobte, daß ein Fremder mir sagte, ich hab eine gute Stimme, kann schön vorlesen, daß jemand überhaupt etwas Lobenswertes an mir fand, und dies hat mir sehr geholfen, ich wurde, ohne es zu wissen, selbstbewußt, ja, ich hatte auch nicht mehr solche Angst vor Vater, denn als Graaner mich einmal lobte, sagte er: »Du wirst schon deinen Weg gehn, Annemarie, du bist ein kluges Mädchen.« So schön hatte er über mich gesprochen, und ich hab diesen Satz nicht vergessen, ein kluges Mädchen hatte er mich genannt, und zu Hause schimpfte mich Vater an und nannte mich ein *Flitscherl* oder eine *Kurwe*, und hier, der Lehrer Graaner, der sicher zehnmal gescheiter war als Vater, lobte mich vor der ganzen Klasse, das heißt vor allen Schülern, die Deutsch hatten.

Gern hätte ich einmal Vater gesagt, was der Lehrer Graaner von mir denkt, daß ich nämlich ein kluges Mädchen bin, oh, wie gern ich ihm das an den Kopf geworfen hätte, damit er auch einmal hört, was ein feiner, ein studierter Mann von seiner Tochter denkt, aber ich tat es nicht, denn ich hatte Angst, er würde in seiner Wut vielleicht zur Schule gehn, den Lehrer zur Rede stellen und ihm womöglich häßliche Dinge über mich erzählen, mich ein *Flitscherl* nennen und was weiß ich noch über mich sagen, und so hütete ich wie ein kostbares Geheimnis die Lobesworte und alles Schöne und Gute, was Graaner von mir sagte, und wenn ich abends spät im Bett lag und Vater furchtbar schnarchte, wenn ich seine Füße riechen mußte und nicht einschlafen konnte, dann sprach ich noch ein Gebet und betete auch für Lehrer Graaner, Gott möchte ihn beschützen und ein schönes langes Leben geben, ich dachte auch sehr oft an ihn und hätte sehr gern auch von ihm geträumt, doch das war leider niemals der Fall, ich träumte meistens von meinem Vater, der mich anschimpfte oder mich quälen wollte, ja, in meinen Träumen war leider niemals Platz für Lehrer Graaner, denn da erschien mir der Vater und verbreitete Angst, so, daß ich bald aufwachen mußte.

Es war einige Jahre nach dem Krieg, da fuhr ich einmal mit dem Zug nach Großwardein, und im Abteil saß mir gegenüber eine Frau, eine Dame, elegant gekleidet, jung, aber schon mit grauen Fäden im Haar, und als ich darüber nachdachte, warum diese junge schöne Frau schon graue Haare hat, merkte ich, daß sie auch dunkelrotes Haar hatte, und ihre Hände waren fein, und ihre Finger sehr lang, nun, diese Frau hatte auch mich ständig angesehn, und auf einmal sagten wir beide, fast gleichzeitig: »Judithka!« – »Annemarie!«

Ich mußte ein wenig weinen, denn ich hatte bis dann nie wieder einen von meinen ehemaligen Mitschülern gesehn, und auch Judith hatte Tränen in den Augen, wir hielten uns umschlungen, als wären wir Schwestern, dann mußte ich über mich erzählen, aber da war nicht viel zu sagen, und als Judith an der Reihe war, sagte sie nur: »Meine Eltern wurden in Auschwitz ermordet, mich hat eine ungarische Familie auf einem Dorf versteckt, ich bin am Leben geblieben, und jetzt studier ich Musik, das ist alles.« Ich wußte nicht, was ich darauf erwidern sollte, auch mein Vater war gestorben, aber nicht in einem Lager, er hatte einen Herzanfall gehabt, gerade als er vor Wut tobte und sich mit Mutter stritt, er ist noch in derselben Nacht gestorben, im Herbst 1944, meine Mutter aber lebte, einen Vater zu verlieren, schien mir kaum beklagenswert, ich hatte keine Träne vergossen, als ich erfuhr, daß mein Vater tot war, im Gegenteil, ich verspürte eine gewisse Freude, ich dachte: »Jetzt stehst du vor dem großen Richter und mußt für deine Sünden büßen, ewig büßen, du verfluchter Mensch«, etwa das dachte ich im ersten Augenblick, als ich Mutters Brief erhielt. Aber Judiths Vater war ein kleiner freundlicher Mann gewesen, mit einem Spitzbärtchen, der stets lächelte, der sicher niemandem etwas Böses gesagt hatte, schon gar nicht seiner Tochter, die so schöne weiße Hände haben durfte, weil sie zu Hause nicht arbeiten mußte, Mutter hatte mich einige Male zu Herrn Rubiner geschickt, ich sollte Knöpfe und Nähgarn kaufen, und als ich in den kleinen niedrigen Laden trat, ins *Gwelb,* wie man in Oberwischau sagt, begrüßte er mich: »Guten Tag, kleines Fräulein, na, was darf es sein?« Ja, so höflich sprach der Rubiner mit den Leuten, und dieser gute Mann war nun tot, und auch seine Frau, die Tochter aber, die Judith, saß mir gegenüber und hatte das alles so schnell gesagt, wie einen Spruch, den sie auswendig gelernt hatte, ohne mit der Stimme zu zittern. Das berührte mich damals sehr, ich bewunderte sie, sicher war sie, mit den feinen schmalen Händen, irgendwie stärker als ich, denn ich hätte gleich weinen müssen, wenn ich vom Tod meiner Mutter gesprochen hätte, die damals ja noch, Gott sei Dank, lebte, aber Judith hatte eine Kraft in sich, das spürte ich, sie war anders als ich, sie hatte wahrscheinlich soviel gelitten, daß ihr das Leid nichts mehr anhaben konnte. Freilich, auch ich hatte viel durchgemacht in meiner Kindheit und später in Oberwischau, und davon werd ich noch erzählen, und ich hab nie die Kraft gehabt, über diese Dinge so ruhig und frei zu sprechen, damals nicht, heute geht es schon besser, heute spür ich immer mehr, daß ich mich *freisprechen* kann, wie man bei uns sagt.

Wir erinnerten uns dann auch an die Schulzeit, und ich fragte, ob sie was vom Graaner weiß. »Ach ja, unser Deutschlehrer. Den hat man nach Rußland deportiert, aber ob er zurückgekehrt ist, weiß ich nicht, er war ja der einzige Deutsche, aber kein typischer Deutscher, viel zu fein, viel zu gebildet, er hätte auch Jud sein können, so wie er aussah, mit seinem schwarzen gelockten Haar und der Goldbrille ...«

Darauf wußte ich nichts zu sagen, denn ich konnte nicht beurteilen, ob er ein typischer Deutscher war, daß er fein und gebildet war, wußte ich auch und daß die Deutschen, die ich kannte, die Zipser in den Wischauer Bergen, weder fein noch gebildet waren, hatte ich am eigenen Leib erfahren, und so mußte ich ihr recht geben, Graaner war wahrscheinlich kein typischer Deutscher gewesen, er war aber der einzige Deutsche, den ich kennengelernt hatte, denn wie die andern aussahen, wußte ich nicht. In Oberwischau gab es nämlich außer den Zipsern nur Rumänen und Ukrainer, die letzten Juden hatte man im Frühjahr 1944 weggeführt, und die deutschen Soldaten hab ich nicht näher gekannt.

Als ich mit Judith im Zug fuhr, war ich zwanzig und schon seit drei Jahren verheiratet, sie war auch zwanzig und dachte nicht daran, jemals zu heiraten, sie wollte unabhängig sein, wie sie sagte, das Wort hat mich damals beeindruckt, sie wollte keinem Mann angehören, für niemanden da sein, nur für die Musik, ich hab das damals nicht so richtig verstehn können, es hat mich aber sehr beeindruckt, daß eine junge Frau das tun konnte, was sie wollte und daß sie ohne einen Mann, ohne einen Herrn über sich leben konnte, und ich stellte die dumme Frage, ob das geht, ob man als Frau so unabhängig, ohne Mann und ohne Familie, ja, auch ohne Kinder leben kann. Judith sah mich an, und ihr Blick erinnerte mich plötzlich an Mutter, es war dieselbe Güte drin, vielleicht war es aber auch nur Mitleid, weil ich wahrscheinlich etwas Dummes, Kindliches gefragt hatte, und sie sagte lächelnd, und da sah ich, was für wunderschöne Zähne sie hatte, sie sagte, und es klang ein wenig lustig: »Natürlich kann man ohne Mann leben, es lebt sich sogar viel besser, vieles ist einfacher... und wenn man einmal einen Mann haben will, dann nimmt man ihn sich, für eine Nacht, für einen Tag, bittschön, für wie lang man eben will, und wenn er ausgedient hat, schickt man ihn wieder fort.« Ich war starr, so hatte noch nie jemand zu mir gesprochen, in Oberwischau hätte man eine Frau, die so denkt, gesteinigt, ja, ihr wär so etwas nicht einmal in den Sinn gekommen. Mein Gott, dachte ich, was redet die da, oder ist das bei den Juden so, daß eine Frau nicht unter die Haube muß, ich war ziemlich verwirrt, schließlich fragte ich sie dann aber doch, ob das nicht eine Sünd ist, ob eine Frau, die mit den Männern so umspringt, nicht ein *Flitscherl* wird, wie man das so nennt, denn das Wort *Kurwe* wagte ich nicht zu benützen, es wäre auch falsch am Platz gewesen, denn ich konnte mir nicht vorstellen, daß diese feine junge Frau, die Judith, etwa ein liederliches Wesen war.

»Vielleicht ist das eine Sünd, meine liebe Annemarie«, sagte Judith, und sie sprach in einem so milden, lieblichen Ton, wie einst meine Mutter, »vielleicht, wenn man das so sieht wie du, aber das interessiert mich längst nicht mehr. Weißt du, ich hab eine Nachbarin, die ist nur acht Jahre älter als ich, und seit zwei Jahren ist sie verheiratet, und sie hat auch ein Kind, und weißt du, diese Frau war als zwanzigjähriges Mädchen, als sie ins Lager kam, so wunderschön, daß man ihr nicht das Haar abschnitt, sondern sie in ein Lagerbordell steckte, ja, sowas hat es auch gegeben, und über sie sind tausend oder auch zweitausend Männer hinweggegangen, und sie hat das überlebt, und sie ist auch heut noch eine schöne Frau, freilich, sie ist nicht mehr die, die sie damals war, als man sie mit ihrer Familie in den Viehwaggon verfrachtete. Und der Mann, den sie geheiratet hat, der weiß das, und das ist kein alter Witwer, auch kein Kriegskrüppel, den niemand haben will, es ist ein junger Mann, ein Studierter, ein Mensch, einer, der diese Frau liebt und achtet, weil sie auch ein Mensch ist, verstehst du, was ich mein? Wieviel Männer sind auf ihr gelegen, tausend oder zweitausend oder nur tausendachthundertfünfzig, sie weiß es nicht, sie hat sie nicht gezählt, sie hat immer nur daran gedacht, daß diese Sünd, wie du sagst, ihr das Leben retten wird, Sünd, Sünd, mein Gott, was für Wörter es noch gibt, auch Gott ist so ein Wort, Annemarie, auch Gott, denn ich glaub nicht mehr an Gott, als kleines Mädchen hab ich an Gott geglaubt, und jeden Freitagabend hat Vater die Kerzen angezündet, und Samstag bin ich mit Mutter in den Tempel gegangen, ich hab jeden Abend zu Gott gebetet, so wie du, und was kam dann nachher? Der Tod! Meine Eltern sind gestorben, ich weiß nicht genau wie, aber es muß ein furchtbarer Tod gewesen sein, und Gott hat das geduldet, er hat mich gestraft, daß ich am Leben bleiben soll, und so leb ich jetzt und studier Musik, das einzige, was mir noch Freude macht, denn alles andere interessiert mich nur insoweit, daß ich es brauch, Essen, Kleider, Männer, ja, was gibt es noch ...?«

Judith redete leise, obwohl wir allein im Abteil saßen, sie redete leise, wie eine feine Frau, und nicht laut, wie die Zipserinnen, die immer so tun, als würde der andere auf dem nächsten Berg stehn, sie redete, und ich hörte ihr zu, ich war so beeindruckt, von dem, was sie sagte, und ich spürte, wie sich da ein Fenster öffnete zu einer Welt, die ich nie gekannt hatte, die Welt der Menschen, die das taten, was sie tun wollten, die Welt der Frauen, die frei waren, die sich den Mann ins Haus holten, der ihnen gefiel, die aber auch die Kraft hatten, diesen Mann wieder fortzuschicken, die sich einen Mann nahmen, für eine Nacht, für einen Tag, wie lang es ihnen eben Spaß machte, und diese Art von Menschen gab es, sie lebten hier in diesem Land, und eine von ihnen war meine Schulkollegin Judith Rubiner, eine schöne, gepflegte junge Frau.

Ich hab zuvor versucht, alles, was mir von diesem Gespräch im Zug nach Großwardein in Erinnerung geblieben ist, wiederzugeben, aber es war viel mehr, was Judith sagte, denn sie sprach vielleicht eine Stunde lang, ohne Unterbrechung, und diesen Wasserfall von Worten hatte ich ausgelöst, weil ich von der Sünd gesprochen hatte, weil ich mich ehrlich gewundert hatte, daß eine Frau so frei wie der Vogel ohne einen festen Mann leben kann, ohne eine *Kurwe* zu sein, das Wort hatte ich natürlich nicht ausgesprochen, aber es kam schließlich doch darauf heraus, ja, ich muß sagen, Judith war es, die mir in jenen drei Stunden, die wir im Zug saßen, die Kraft gab, über mich, über meine Kindheit nachzudenken, die mir die Kraft gab, eines Tages darüber zu sprechen, die in mir den Wunsch weckte, einmal mit jemandem über meinen Vater, über die Angst, die ich immer noch wie einen Stein in mir trug, zu sprechen, Judith hat mir die Augen geöffnet, daß eine Frau sich von dem befreien kann, was sie herunterzieht – ins Bett, zu den Kochtöpfen, zum Aufwischfetzen am Dielenboden ...

Ich hab dann versucht, meinem ersten Mann davon zu erzählen, von der Angst, von der großen Angst, die mich immer noch verfolgte, vom Vater und meiner Kindheit, aber der hörte mir ein wenig zu, sagte nichts und schlief ein, als er tief atmete, hörte ich mitten im Satz mit meiner Geschichte auf und ging auch schlafen. Ich versuchte es dann einige Male, aber es war immer das gleiche, er schlief ein, sitzend, und am nächsten Tag entschuldigte er sich und sagte: »Weißt, i war aso abmiedet, abr wanns willst, verzähl mir nochamol«, was ich dann auch versuchte, aber es hatte keinen Sinn, er schlief wieder ein. Ich wollte mich *freisprechen,* aber ich hatte keinen, der mir zuhörte.

Judith verdank ich diesen Mut, ich hab es ihr nicht sagen können, wir haben uns nie wieder gesehn, wie sollten wir uns auch noch begegnen, sie in Klausenburg, ich in Oberwischau, dazwischen eine Welt, die uns trennte, und ich glaub, sie ist schon längst ausgewandert, nach Israel, und wenn ich dies erzähle, ist sie immer noch eine schöne Frau, vielleicht schon eine große Künstlerin, vielleicht hat sie aber auch geheiratet, hat Kinder und einen Mann, der sie liebt, einen Mann, den sie nicht nach einigen Tagen wieder wegschicken muß. Ich würde es ihr wünschen, daß sie nicht so allein geblieben ist, denn im Alter erträgt man das Alleinsein schwer, sehr schwer, und dann braucht man einen Menschen neben sich, und nicht nur eine Katze oder einen Hund.

Nun hab ich aber vorgegriffen, denn aus der Zeit in Klausenburg gibt es noch einiges zu erzählen, das heißt einiges, was ich erzählen muß, denn vieles hab ich vergessen, weil es dann letzten Endes doch unwichtig war, und nach siebenundvierzig Jahren erinnert man sich tatsächlich nur an die wichtigsten Dinge. So hab ich mich zuvor an den Lehrer Graaner erinnert und an die Judith Rubiner, und ich weiß, daß diese beiden Menschen, die sich sonst in keiner Weise geähnelt haben, für mich sehr wichtig waren, vielleicht hat er sie nicht gemocht, weil sie eine Jüdin war, vielleicht hat sie ihn nicht gemocht, weil er ein Deutscher war, beides ist möglich, aber heut weiß ich, daß diese beiden Menschen mir einen Halt gegeben haben, er, der Lehrer, zu einer Zeit, als ich in ständiger Furcht vor dem Vater lebte, als ich dachte, daß ein *Mansr* etwas Minderwertiges ist, und sie, die schöne junge Frau, als ich meinte, das Leben ist wie ein Ochsenwagen, der in den tiefen Furchen eines Hohlwegs den Berg hinunterrumpelt, ich hab nie gedacht, daß man von diesem Wagen auch abspringen kann, freilich, ich wollte ja nicht abspringen, denn mein erster Mann war sehr gut zu mir, und ich hab ihn darum besonders geliebt, er hat mich nie geschlagen, und er hat sich jeden Abend im *Holzscheppa* die Füße gewaschen, ja, da soll mir jetzt niemand lachen, das ist sehr wichtig, denn einen Mann mit stinkigen Füßen hätte ich niemals heiraten können, der hätte mich ständig an meinen Vater erinnert, mein Gott, nur das nicht, hab ich immer gedacht – er soll nicht betrunken nach Haus kommen und mit schweißigen Füßen ins Bett steigen.

Lehrer Graaner ist wahrscheinlich in Rußland gestorben, er war ein zu feiner Mann, der hat nicht arbeiten können, im Kohlenbergwerk oder sonstwo, aber Judith lebt, das weiß ich, und sollte sie einmal hören, was ich hier erzähl, dann soll sie wissen, daß ich sie nicht vergessen hab.

Wenn das *Sparti* von Mutter nicht weggewesen wäre, hätte sie mich wahrscheinlich schon im Frühjahr '43 zur Oma nach Oberwischau gebracht, aber so war kein Geld mehr da, und die Fahrt bis Bistritz und von dort mit dem Pferdewagen kostete viel, das wußte ich, und so beschlossen wir, daß ich Mutter in den Ferien beim Waschen helf, und auch beim Bügeln, was ich schon sehr gut konnte. Mutter nahm mich also öfters mit, und ich half ihr und erhielt den halben Lohn wie sie. Wir sparten eisern, doch nun versteckte sie das Geld im Strohsack ihres Bettes, das war ein ziemlich sicherer Ort, den Strohsack aber nähte sie immer wieder zu.

Im Herbst, etwa zwei Wochen vor Schulbeginn, hatten wir das Reisegeld nach Oberwischau beisammen, und Mutter sagte, daß wir nun zu Großmutter fahren werden, und dort wird es mir gut gehn, dort bin ich mit der Oma allein, niemand wird mir nichts antun, »wirst habn a scheenes Lebn, und wirst tich spiern gut«, sagte sie.

Ehrlich gesagt hatte ich ein bißchen Angst, weil ich Großmutter nicht kannte, auch bedrückte es mich, so weit weg von Mutter und der Resl zu sein, die jetzt schon zwei Jahre alt war, ein sehr liebes Kind, *ihr ging tie Goschn wie a Radl,* sie konnte aber nur ungarisch, weil Vater es nicht erlaubte, daß Mutter mit ihr zipserisch sprach, so, wie mit mir. Vater und Mutter sprachen miteinander auch nur ungarisch, er konnte, soviel ich weiß, auch keine andere Sprache, und wenn wir alle drei zusammen waren, wurde selbstverständlich nur ungarisch gesprochen, zipserisch sprach Mutter mit mir, wenn Vater nicht zu Hause war, und so hatte ich diese Sprache einigermaßen gelernt, denn in Oberwischau wurde zu jener Zeit nur zipserisch und jiddisch gesprochen.

Eines Tages brachte Mutter die Resl zu einer Frau, die auch sonst manchmal auf sie sorgte, und wir beide gingen, bepackt mit zwei großen Taschen, einem Korb mit Brot, gekochten Eiern, Speck und einer Flasche Tee, zum Bahnhof, wo wir in einen Zug stiegen, der uns nach Bistritz brachte.

In Bistritz lebten damals sehr viele Sachsen, und es fiel mir gleich auf, daß die Leut auf der Straße deutsch sprachen, das heißt, es war nicht das Deutsch, das ich in der Schule bei Lehrer Graaner gelernt hatte, es war ein Dialekt, aber man hörte, es war weder Ungarisch noch Rumänisch. Überall sprach man so, auch in den Geschäften, auch unter den Bäuerinnen, die vor Bistritz in den Zug stiegen, waren viele Sächsinnen, und ich wunderte mich, denn ich hatte bis dahin kaum etwas von diesem Volk, den Siebenbürger Sachsen, gehört, und nun auf einmal gab es so viele von ihnen, daß man sogar auf der Straße fast nur ihre Sprache hörte.

Von Bistritz sollten wir eigentlich mit einem Pferdewagen weiterfahren, es standen einige in der Nähe des Bahnhofs und warteten auf Kunden, aber es klappte nicht, es war schon Nachmittag, und die Fuhrleute meinten, nach Wischau geht es nur in der Früh um vier oder um fünf ab, um diese Zeit fährt man höchstens noch bis Naßod. Schweren Herzens entschloß sich Mutter, mit mir eine Nacht in Bistritz zu verbringen, was nicht so einfach war, denn Geld für eine Herberge oder für ein Hotel hatten wir nicht, selbst mit der Bahn waren wir dritter Klasse gefahren, ja, damals gab es noch Züge mit dritter Klasse für Soldaten, Bauern und ganz arme Leut, und jetzt mußten wir eine ganze Nacht in Bistritz bleiben.

»Wu schlofn mir, Annzu«, fragte Mutter, »muß i pastudiern, ob habn mir nit a Pakannti von Wischo hier.« Schließlich erinnerte sie sich an eine Nachbarin, von der sie zufällig gehört hatte, daß sie in Bistritz wohnte. Ja, sie wußte den Namen der Frau, aber sonst wußte sie nichts. Was kann man in so einer Lage tun? Man beginnt zu fragen, man fragt diesen, man fragt jenen, irgendwann kommt man dann doch an den Richtigen, der die Frau zufällig kennt, und so machte es auch Mutter, sie begann sich durchzufragen, und nachdem wir vielleicht eine Stunde durch diese schöne Stadt geirrt waren, und meine Mutter vielleicht hundertmal auf deutsch gefragt hatte: »Pittscheen« oder »Entschuldigens, wissens nit, wo die Frau Muschinsky Gisela wohnt«, antwortete ihr schließlich eine Frau: »Wenn Sie die Frau Muschinsky meinen, die aus Oberwischau stammt, dann kann ich Ihnen den Weg zeigen.«

Wir kamen also gegen Abend bei dieser Gisi-Näni, der Muschinsky, an, es war ein weiter Weg, sie wohnte in einer Vorstadt, genau kann ich nicht mehr sagen, wo das war, aber schließlich standen wir vor einem kleinen Haus, ein Hund bellte im Hof, und eine Frau öffnete uns das Tor, es war die Gisi-Näni, die meine Mutter zuerst nicht erkannte, aber als sie ihr erklärte, *wem ßeini ßie ist*, das heißt, wer ihre Mutter ist, wer der Großvater, der Vogel-Franzi war, ja, da funkte es bei der guten Frau, und sie bat uns herein, gab uns etwas zu essen, ihr Mann war auch da, ein freundlicher Mensch, ein Sachs, und dort schliefen wir auf einer Eckbank in der Küche, jede auf einem Strohsack, was anders gab es nicht, das Haus hatte nur Küche und Zimmer, und im Zimmer schlief die Gisi-Näni mit ihrem Mann, wir waren aber beide so müd, daß es uns gar nichts ausmachte, wir schliefen selbst wie Säcke, und so gegen vier Uhr am Morgen weckte mich Mutter, wir schlüpften in Kleider und Schuh, die Gisi-Näni kam noch heraus und packte uns ein halbes Brot und eine Wurst ein, dann marschierten wir los, zum Bahnhof, wo schon die Pferdewagen standen, die in verschiedene Richtungen fahren sollten.

Die Fuhrleut waren meist Juden, und man mußte wegen dem Preis ein wenig handeln, bis Oberwischau war ein weiter Weg, man fuhr aus Bistritz hinaus in Richtung Wallendorf, dann zweigte eine Straße links ab nach Meetersdorf, Tschippendorf, dann kam Naßod, Salva, und von dort ging es dann an der Salautza, einem Flüßchen, hinauf in die Berge, nach Teltsch und Rommeln, von wo man schließlich durch eine große jüdische Gemeinde, Mosesdorf, fuhr, und nach Mosesdorf folgte Oberwischau, das waren so achtzig Kilometer, glaub ich, und in Rommeln wurden die Pferde gewechselt, das heißt, der Fuhrmann hatte dort Pferde, die er dann wieder auf dem Rückweg einspannte. Diese Orte kannte ich damals noch nicht, viele Jahre später bin ich öfters auf diesem Weg gefahren, mit dem Bus von Bistritz, und dann hab ich mich an diese Strecke erinnert.

Mutter begann also, mit einem Mann über den Preis zu

sprechen, und sie stritten miteinander, er wollte viel mehr, als Mutter zahlen konnte, doch als sie sich an einen andern Fuhrmann wenden wollte, wurden sie auf einmal sehr schnell einig, Mutter gab eine kleine Anzahlung, wir verstauten unser Gepäck und hockten uns auf eine niedere Bank, und schon ging es los. Unterwegs stiegen dann für ganz kurze Strecken, von einem Dorf bis zum andern, immer wieder irgendwelche Leut hinzu, einmal nahm er auch einen Gendarmen mit, der aber nichts bezahlte, die andern zahlten ich weiß nicht, wieviel, es waren Münzen, die sie ihm zusteckten.

Wir waren etwa um vier Uhr in der Früh losgefahren, und nach Naßod begann es zu dämmern, es war eine schöne Landschaft, mit vielen Hügeln, und in nördlicher Richtung sah man schon die hohen Maramurescher Berge, Mutter sagte, Oberwischau liegt in einem großen Tal, dem Wassertal, und ringsherum sind nur Berge, »wirst segn, wie scheen is turtn«, ich aber freute mich, mir tat es nun nicht mehr leid, daß ich von Klausenburg fort mußte, ich freute mich auf *tas neichi Lebn,* das ich dort beginnen sollte, freilich ohne zu ahnen, was auf mich wartete.

Ich weiß noch, daß wir in Teltsch lang gerastet haben, Mutter wollte dem jüdischen Fuhrmann von unserer Wurst und dem Brot geben, er sagte aber, daß er keine Wurst vom Schwein ißt, er nahm eine Schnitte Brot und aß dazu etwas Käse, den er in ein Tuch gewickelt hatte, dann gab er auch uns von seinem Käse, der mir aber nicht schmeckte, weil er sehr scharf war.

Es war schon Abend, als wir in Oberwischau eintrafen, der Jud brachte uns bis vor das Haus der Großmutter, bis in die Hintergasse, wo ich auch heut noch wohn, dann bekam er sein Geld, bedankte sich und sagte, er geht jetzt zu einem Freund schlafen, der am Wasserfluß *a Stiebele* hat.

An jenem Tag, als ich zum erstenmal meine Oma sah, von der mir Mutter schon erzählt hatte, war ich beinah dreizehn, bis zu meinem Geburtstag waren es noch genau zwei Wochen, Mutter aber war dreißig, und die Bebu-Oma, Elisabeth Rosnitschuk, war dreiundvierzig Jahre alt, heut würde man sagen, daß sie mit dreiundvierzig noch eine Frau im besten Alter war, das heißt, eine Frau mit dreiundvierzig ist heut noch jung, die kann sogar noch heiraten, falls sie nicht verheiratet ist, aber damals war das nicht so, eine Frau mit dreiundvierzig war alt, war verbraucht, die hatte nichts mehr zu erwarten, nichts mehr zu bekommen, um es so zu sagen, die konnte froh sein, wenn sie einen guten Mann hatte, oder froh sein, daß sie keinen Mann hatte, denn wenn sie einen Mann hatte, mußte sie sich meist damit abfinden, gelegentlich auch Schläg zu kriegn – *hast ka Mann, kriegst ka Schläg*, pflegten die Frauen zu sagen.

Als ich Großmutter zum erstenmal sah, merkte ich, daß sie einst eine sehr schöne Frau gewesen war, aber sie hatte mit achtzehn ihren Mann im Krieg verloren, Mutter war damals erst zwei Jahre alt, und dann mußte sie eines Tages ihre einzige Tochter nach Klausenburg bringen, eben meine Mutter, die ein uneheliches Kind erwartete, und dies Kind war ich. Wer weiß, was sie alles in diesen Jahren durchgemacht hatte, sicher hatte sie es nicht einfach gehabt.

»Und tes is tie Annzu?« fragte Großmutter und sah mich prüfend an, »a Herrischi, a Stadtmarl«, und diese zwei letzten Wörter, eine Herrische, ein Stadtmädel, die klangen wenig freundlich, mir schien es sogar ein wenig bös, was mich unangenehm berührte, und ich schmiegte mich an meine Mutter. »Is ßes a ßehr a gutes Kind, Mama«, sagte meine Mutter mit leiser weicher Stimme, so, als würde sie mit Vater sprechen, »is ßie ßehr a fleißigi, a pravi, wird ßie Eich nit steern«, fügte sie noch hinzu.

Dann schickte mich Mutter hinaus, ich ging in den Hof und nach hinten in den Garten, der auf einem Abhang lag und bis hinauf zum Wald reichte, später sah ich, daß in diesem kleinen Wäldchen der deutsche Friedhof lag, es war *tas Totenpergl*, und mehr nach Osten, getrennt von einem Hohlweg, dem Karaschgraben, und einer kleinen Siedlung lag *tas Judnpergl*, und am *Judnpergl* war der jüdische Friedhof. Während ich aber im Garten stand und die Gegend betrachtete, besprach Mutter mit der Oma meine Zukunft, ich kann bis heut nicht glauben, daß Mutter mich loswerden wollte, ich wußte nur, daß ich aus Klausenburg weg mußte, und das war wegen meinem Vater, der mir abends immer noch die Beine zusammenband, der mir zuschaute, wenn ich in der Küche nackt badete, aber in letzter Zeit war auch Mutter in der Nähe gewesen, und er konnte mich nicht anfassen, ja, und da hatte er auch noch einmal versucht, *mit mir a Spott zu machn*, wie man sagt, *a richtign Spott*, doch darüber werd ich vielleicht nicht sprechen, ich schäm mich, ich bin eine alte Frau, aber ich schäm mich trotzdem, nun, Mutter hatte mich fortbringen müssen, damit nicht eines Tages doch was passiert, denn das wär möglich gewesen, der war ständig hinter mir her, hinter der kleinen Stute, wie er sagte.

Später, als ich vor meiner Heirat im Jahr '47, da war ich schon siebzehn, bei Großmutter und bei einer Tante wie eine Magd, nein, schlimmer, wie eine Sklavin dienen und *roboten* mußte, hab ich oft daran gedacht, was Mutter damals wohl gesprochen hat mit meiner Oma, ob sie ihr tatsächlich mich, ihr Tochter als eine Magd, für die man nichts zahlen muß, *aufschwatzt* hat, denn am nächsten Morgen verwendete Großmutter genau dieses Wort, als sie mich auf die *Kempa* schickte, *Krumpirn* ernten, *aufschwatzt, aufschwatzt*, ich war ihr *aufschwatzt* worden, wie etwas, das man loswerden will, wie eine Ware, die man eigentlich nicht kaufen will und die einem der Jud im *Gwelb aufschwatzte*, weswegen man nachher schlechter Laune war.

Ich hab später nie mehr Mutter fragen können, was sie damals mit der Oma gesprochen hat, damals, an dem schönen Septembertag, als ich zum erstenmal einen Sonnenuntergang sah, im Westen, wo Unterwischau liegt; in

Richtung Sigeth verschwand die Sonne hinter den Bergen, und der Himmel war ganz rot, ich lief ins Haus und wollte Mutter rufen, sie sollte dieses schöne Bild, dieses Feuer, das am Himmel brannte, sehn, aber Mutter sagte, sie weiß, wie das ist, wenn die Sonne untergeht, sie muß noch einiges mit Großmutter besprechen, sie lächelte müde, als ich darauf erwiderte, daß sie so etwas sicher noch nicht gesehn hat. Gern hätte ich später gewußt, auf welche Weise Mutter mich damals *abhangn* hat, aber das hab ich nie erfahren können, denn ich hab nachher Mutter nur noch einmal einen Tag lang gesehen, und damals war ich schon längst verheiratet, sogar zum zweitenmal, und das alles spielte keine Rolle mehr, es war nicht mehr so wichtig.

Wir gingen dann irgendwann schlafen, und ich schlief mit Mutter in der Stube im selben Bett, es war ein seltsames Gefühl, bei Mutter im Bett zu liegen, ich war so glücklich, denn ich hatte Mutter sehr lieb, ich fühlte ihre Nähe, betete und schlief nachher glücklich ein, ohne zu wissen, daß dieses für lange Zeit mein letzter glücklicher Abend war, in Mutters Nähe, in einem sauberen Bett.

Am Morgen, draußen war es noch dunkel, knallte schon der Fuhrmann mit der Peitsche vor dem Tor, es klang so, als würde jemand mit einem Gewehr schießen, und deshalb knallte er zuerst nur einmal, und nach einigen Minuten, als sich nichts regte, zum zweitenmal, dann aber ging Mutter hinaus und sagte ihm, sie wird gleich fertig sein, sie kleidete sich sehr rasch an, nahm etwas zu essen mit, verabschiedete sich von Großmutter, die schon wach war und von mir, ich lag noch im Bett, und da mußte ich doch weinen, ich würgte und würgte, und auf einmal brach es aus mir heraus, ich heulte wie besessen, es war schlimm, ich konnte mich nicht beherrschen, plötzlich fing auch Mutter an zu heulen, wir hielten uns umschlungen, ich im Schlafhemd, Mutter schon im Mantel, es war ein Jammer, Großmutter aber stand in der Tür, unbeweglich, sie sagte kein Wort, nur auf einmal knallte der Fuhrmann zum drittenmal mit der Peitsche, und es war, als hätte er uns einen Schlag versetzt, denn Mutter ließ mich sofort los und eilte hinaus. Ich sprang aus dem Bett zum Fenster, ein winziges trübes Fensterl, wie an alten Zipser Radlhäusern, und da sah ich noch Mutters Schatten auf den Wagen steigen, und wie sie davonfuhr, und dann war sie weg.

Ich aber kroch zurück ins Bett und weinte still weiter, bis die Oma hereinkam und sagte: »Aufstehn, ßes is schunt fimfe!« Und als ich mich ein bißchen verwundert nicht gleich rührte, sagte sie etwas barscher, daß es hier keine *Herrischen* gibt, keine Stadtdamen, daß hier alle arbeiten müssen, hier wird nicht faulenzt, hier wird gearbeitet, denn hier sind wir am Dorf. Oberwischau war damals, 1943, noch ein vergessenes Dorf in den Waldkarpaten.

Ohne ein Wort zu erwidern, stand ich auf, ging in die Küche, wusch mich in einem *Lawor,* aß dann ein Stück *Tockan* und trank dazu ein *Tepfl* mit *Millich,* als ich fertig war, und mich dankend vom Tisch erhob, sah mich Oma kritisch an; zuerst dachte ich, an meinem Kleid ist etwas nicht in Ordnung, ich hab mich beim Essen beschmutzt, aber nicht das war es, was sie störte, mein Kleid war zu *herrisch,* mein armseliges *Hauskleirl* gefiel ihr nicht, und deshalb sagte sie: »Tes Kleirl ziegst aus, tu pist jetzet ka Herrischi mehr nit, tu pist a Marl, was geht arpeitn«, und gleichzeitig warf sie mir einen altmodischen Fetzen hin, den einst meine Mutter im Haus getragen hatte, als sie fünfzehn oder sechzehn war, also bevor sie nach Klausenburg mußte, das Kleid war mir ein wenig zu weit, und es roch sehr stark nach Mottenpulver, denn es hatte in einer Kleidertruhe gelegen, und das sollte ich nun anziehn, ich zitterte vor Wut, denn mein Hauskleid war doch viel schöner, die Tränen standen mir in den Augen, aber als ich den bösen Blick meiner Oma sah, wagte ich nicht zu heulen, ich würgte und würgte und bat sie immer wieder, sie soll mir doch erlauben, mein Kleid zu tragen, aber sie erlaubte es nicht, und als sie eine Bewegung machte, so, als würde sie mich schlagen, bettelte ich auch nicht mehr, sondern zog das komische Zeug an, das so schrecklich roch, und Oma sagte: »Was fier teini Mama gut war, is fier tich aa gut!«

Dann gingen wir hinauf auf die *Kempa*, die auf dem Ersten Berg lag, es war etwa halb sechs Uhr am Morgen, doch es dämmerte noch nicht, hier in den Bergen war noch Nacht, ich fror sehr, an das erinner ich mich noch, daß ich sehr gefroren hab an diesem ersten Morgen in Oberwischau, aber Großmutter sagte, es wird mir schon warm werden, wenn ich erst zu arbeiten beginn, und so war es auch, als ich die ersten *Krumpirn* aus der Erde holte, wurde mir warm, Großmutter zeigte mir, wie man das macht, und dann ging es ganz gut, ich arbeitete, bis die Sonne schien, es war auch dann noch sehr frisch, ich aber fror nicht mehr, nur brannten mir die Hände, weil ich diese Arbeit nicht gewöhnt war, es war nicht einfach, Großmutter hatte mich allein gelassen und gesagt, was ich bis zu Mittag zu tun hatte, dann wollte sie kommen und mir was zum Essen bringen.

Zu Mittag erschien Großmutter mit einem Korb, in dem ein *Reindl* mit *Brinsntockan* war und ein Holzlöffel, nun, wir haben in Klausenburg immer mit Gabel und Messer gegessen, und diesmal aß ich nun die *Tockan* mit dem Holzlöffel, doch ich war so hungrig, daß mich das nicht störte, ich hab es mir auch nur darum gemerkt, weil ich bis dahin nie mit einem Holzlöffel gegessen hatte. Ich schlang die *Tockan* hinunter, trank dann aus einem Krug Wasser, denn ich war auch furchtbar durstig, und wollte mich ein wenig ins Gras legen, die Sonne schien warm, es war ein schöner Herbsttag, doch Großmutter sagte, »uns schlafn mir pei tie Nacht, jetzt arpeitn mir«, und zeigte mir, bis wohin ich noch *Krumpirn* zu ernten hatte, die müßten wir heut noch in Säcke füllen und auf einem Wagerl hinunter schaffen, meinte sie. So machte ich mich wieder an die Arbeit, Rücken, Nacken und Arme schmerzten mich, an den Händen hatte ich rote Schwielen, aber ich hackte weiter, ich werd diesen verfluchten ersten Tag in Oberwischau nie vergessen, denn es war der erste Tag in meinem Leben, an dem ich schwerer als je zuvor gearbeitet hatte, und an diesen Tag kann ich mich sehr genau auch jetzt noch erinnern, es kamen dann nachher noch viele Tage, wo ich von früh bis abends wie eine Magd *grobotet* hab, aber die vergingen und ließen keine Erinnerung in mir, es ist wie mit dem ersten Mann, den vergißt eine Frau auch nicht, ganz gleich, ob er ein guter oder ein schlechter Mann war, es war der erste, und er bleibt der erste, ganz gleich, wie die andern sind, die nach ihm kommen, nun, ich hab wenige Männer näher kennengelernt, aber ich weiß, daß das so ist.

Als Großmutter gegen Abend auf die *Kempa* kam, zog sie ein leeres Wagerl hinter sich, in dem einige Säcke lagen, und dieses Wagerl hab ich später beinah so gehaßt wie meinen Vater, nur, es war ja nicht lebendig, es tat mir nicht weh, wie einst Vater, aber wenn ich es ziehn mußte, war es immer so stark beladen, daß ich dachte, meine Arme würden zerreißen, Gott, hab ich dies verfluchte Wagerl gehaßt. Wir säuberten die Kartoffeln von der Erde, soweit sie nicht schon sauber waren, und füllten sie in die Säcke, und immer wenn ein Sack voll war, band Großmutter ihn zu und sagte: »Na, derwisch!« Und dann hoben wir ihn auf das Wagerl, auf dem schließlich vier Säcke lagen. Dann sollte ich das Wagerl den Hohlweg hinunterführen, zum Haus, die Säcke im Hof abladen und zurückkommen.

Bis zum Karaschgraben schaffte ich es noch irgendwie, aber als es dann bergab ging, mußte ich mich mit ganzer Kraft dagegen stemmen, denn das schwerbeladene Wagerl, das verfluchte Stück, stieß mich mit solcher Wucht hinunter, daß ich vor Anstrengung schwitzte und zitterte, und wahrscheinlich wär es auch über mich weggerollt, wenn nicht zufällig ein alter Rumäne, ein Bauer vom Zweiten Berg mir geholfen hätte. »Stai, fata mosului«, sagte er, »sa tie ajut, caci mintenas ai sa cazi.«* Er faßte das Wagerl von hinten und bremste, und ich lenkte vorn, so kamen wir unten an, und dann war es nicht mehr weit bis zu Großmutters Tor, aber beim Abladen mußte mir wieder ein Nachbar helfen, denn die Säcke waren für mich viel zu schwer.

Beim zweiten Transport war dann Großmutter dabei, und da ging es auch irgendwie, wir luden die Säcke zusammen ab, aber meine Finger brannten wie Feuer, und als ich mich an dem Abend im *Lawor* in der *Kuchl* gewaschen hatte, schlief ich sofort ein, aber nicht mehr im Zimmer, in dem feinen Bett, wo ich mit Mutter geschlafen hatte, sondern auf der Ofenbank, denn von nun an wohnte ich in der *Kuchl.* »Tie Stuba is fier tie Gäst«, sagte Großmutter, und ich war jetzt kein Gast mehr, sondern das Aschenputtel, was ich an jenem ersten Abend in Oberwischau noch nicht ganz begriff, mir war übel vor Müdigkeit, und ich wollte nur irgendwo schlafen.

Als ich am nächsten Morgen geweckt wurde, schien draußen noch der Mond, und ich wußte zuerst nicht, wo ich mich befand, ich war noch ganz benommen vom Schlaf und auch noch sehr müd, ich fragte: »Was is, wu pin i?«

»In Wischo und nit in tie Stadt«, sagte Großmutter, »aufstehn, arpeitn gehn«, und als ich auf die alte Weckeruhr blickte, die auf der Kredenz stand, sah ich, daß es vier Uhr morgens war, mein Gott, dachte ich, um diese Zeit muß ich aufstehn, und bat Großmutter noch ein wenig schlafen zu dürfen, aber anstatt einer Antwort zog sie mir die schwere *Kotzn* weg, und ich lag unbedeckt da und mußte mich rasch erheben und ankleiden, freilich wusch ich mir vorher Augen und Gesicht mit kaltem Wasser, um munter zu werden ...

Ja, wen interessiert das, was ich so jeden Tag tun mußte, es war schwere Arbeit, nein, es war *Robot*, ich *robotete*

* »Wart ein wenig, Großvaters Mädchen, ich helf dir, sonst wirst du fallen.«

wie ein Stallknecht, wie ein Mann, Großmutter interessierte es nicht, daß ich erst dreizehn Jahre alt war, und selbst wenn ich meine Regel hatte und mich schlecht fühlte, wenn mir übel war, mußte ich arbeiten, so wie sonst, von in der Früh um vier bis am Abend um acht, zwischendurch war eine kurze Eßpause, eine halbe Stunde, mehr nicht, ich mußte das ganze Holz für den Winter spalten und schön an der Wand des *Schopfens* schichten, ich mußte jeden Abend die beiden Kühe melken und die Milch zu den Nachbarn tragen, die keine Kühe hatten, zu einer jüdischen Familie, die Sternheld hieß und zum Lehrer Mühlbauer, vorher aber mußte ich das Fressen für die beiden Schweine kochen, die Ställe ausputzen, ja, ich war überall dreckig, ich lief meistens barfuß herum, denn meine einzigen guten Schuh hätte ich nicht anziehn können, und Großmutter sagte, erst wenn es schneit, ziehn wir was über die Füß, und als dann der erste Schnee fiel, freute ich mich wie ein Kind, denn meine Füß waren abends immer blau vor Kälte und schmerzten. Aber nun bekam ich ein Paar unförmige *Botschkor*, eine Art *hochi Schuch* oder *Bokantschen*, die aus Holz geschnitzt waren, diese klumpigen Dinger, die mir schwer an den Füßen hingen und wegen denen ich wunde Zehen bekam und nicht mehr gehn konnte, trug ich dann bis ins Frühjahr, bis ich wieder barfuß laufen konnte, und das war Anfang Mai vor Ostern.

Damals, im September 1943, als ich die *Krumpirnßäck* schleppte und den Schweinestall vom Kot reinmachen mußte, dachte ich mit Sehnsucht an die Schule, die am 1. Oktober beginnen sollte, ich freute mich, denn während der Schulzeit, meinte ich, muß ich nicht mehr arbeiten, denn dann gab es ja die Hausaufgaben, die gemacht werden mußten, und vier, fünf Stunden war man sowieso im Unterricht.

Aber es kam ganz anders.

An meinem dreizehnten Geburtstag, das war am 30. September, mußte ich wieder um vier Uhr morgens aufstehn, und als ich Großmutter sagte, daß heut mein Geburtstag ist, antwortete sie: »Und pin i ter Fehler?« Das sollte heißen, daß nicht sie schuld daran ist, daß ich geboren wurde, und so war der 30. September ein Tag wie jeder andere. Als ich am Abend todmüde in der *Kuchl* hockte und *Tockan* mit *Millich* löffelte, sagte ich Großmutter, daß morgen die Schule beginnt, worauf sie mich fragte, wieviel Jahre ich schon zur Schule gegangen bin, ich antwortete, daß ich im Juni die fünfte Klasse beendet hatte. »Tie fimfti Klass«, wunderte sie sich, »tann pist a Studierti! Na, mir prauchn hier Leit, was kinnen arpeitn, tu mußt nit mehr in tie Schul gehn, tu weißt schunt mehr wie i und wie teini Mama ...« Ich weinte und bat sie auf den Knien, doch wenigstens noch ein Jahr zur Schule gehn zu dürfen, es half nichts, Großmutter blieb fest bei ihrem Entschluß, und als ich nicht locker ließ, gab sie mir eine *Tetschn,* die mich an meinen Vater erinnerte und schrie mich an: »Mansr, fluchtes, marsch zu tie Schwein, arpeitn!«

Ich putzte den Schweinestall, und während ich den Kot zusammenfegte, heulte ich still vor mich hin, denn nun war auch meine Schulzeit vorbei, alles war vorbei, was mir Freude machte, das Lernen, und ich dachte sehnsüchtig an Lehrer Graaner, an seine Deutschstunden, mein Gott, war das eine schöne Zeit, und ich hatte nicht geahnt, was mir bevorstehn wird, und so ist es im Leben, man weiß nie, was auf einen zukommt, man ist ständig unzufrieden, und erst nachher, wenn alles vorbei ist und nicht wiederkommt, merkt man, wie schön die Zeit vorher war, die man gelebt hat, ohne auch nur einmal daran zu denken, daß es eines Tages schlechter sein könnte.

An jenem Abend schrieb ich Mutter einen Brief, mit zitternden Händen, sie waren rot und geschwollen, und ich konnte kaum den Bleistift halten, und in diesem Brief teilte ich ihr mit, was ich bis dahin durchgemacht hatte, wie schwer ich arbeiten mußte und daß ich nicht mehr zur Schule gehn durfte, denn das schmerzte mich am meisten. Großmutter saß in einem Eck, neben dem Ofen und stopfte ihre Wollsocken, die sie zu jeder Jahreszeit trug, und als ich fertig war, fragte sie, was ich dort geschrieben hab, ich sagte ihr, daß es ein Brief an meine Mutter ist. »Gut«, sagte Großmutter, »werd i ßes tragn moring auf tie Post.« Sie gab mir dann auch einen Briefumschlag, und ich schrieb fein säuberlich unsere Adresse aus Klausenburg drauf.

Als ich auf der Ofenbank lag und mein stilles Gebet sprach, bat ich Gott, daß mein Brief bald in Mutters Hände kommen soll, was aber niemals geschehn ist, und auch die anderen vier Briefe, die ich später an Mutter geschrieben hab, sind nicht abgeschickt worden, sie sind vielleicht in den Küchenofen gekommen oder was weiß ich, wohin, Mutter hat nie einen Brief von mir erhalten, aber das erfuhr ich erst viele Jahre später, als ich sie einmal in Budapest besuchte, wo sie nach dem Krieg lebte.

So bekam ich auch auf keinen meiner Briefe je eine Antwort, und Mutter hatte in Klausenburg ihre Sorgen, denn Vater erkrankte bald an Krebs und starb im Spätsommer '44. Dann floh Mutter nach Ungarn, denn Nordsiebenbürgen wurde von den rumänischen Truppen wieder zurückerobert, die Russen waren im Land, und es hieß, daß alle Deutschen erschossen werden, weil Hitler den Krieg begonnen hatte.

Fünf Briefe hab ich Mutter geschrieben, und in jedem Brief hab ich sie angefleht, mir zu helfen, mich wieder nach Klausenburg zu holen, ich hab geklagt und vor Aufregung gezittert, ein harter Knödel saß mir jedesmal im Hals, und es kostete mich viel Mühe, eine saubere und gerade Schrift auf das Stückchen Packpapier hinzukriegen, und ganz zuletzt schrieb ich immer auch noch einen Gruß an meinen Vater, weil ich meinte, er wird den Brief vielleicht lesen, und dann soll er nicht bös werden, und auch die Resl vergaß ich nicht.

Großmutter konnte weder lesen noch schreiben, und so war ich eigentlich unbesorgt, als ich ihr meine Briefe gab, sie konnte doch nicht wissen, was ich da schweren Herzens Mutter mitgeteilt hatte, aber keiner dieser traurigen Briefe ist jemals bei Mutter eingetroffen, und als ich das erfuhr, war Großmutter schon tot, denn sonst hätte ich sie gefragt, warum sie mir das angetan hat, warum ich wie ein Tier *roboten* mußte, ohne, wie andere Mädchen in meinem Alter, wenigstens am Sonntag, fein und sauber gekleidet, ausgehn zu dürfen – nur in die Kirche und zurück nach Hause, ja, nicht einmal das durfte ich, denn auch am Sonntag mußte ich irgend etwas tun, *Kukuruz räbbeln* oder *Paradeisstangeln* schneiden, es war immer Arbeit da, und für mich auch am Sonntag.

Als ich mit Mutter aus Klausenburg hergekommen war, hatte ich zwei Kleider gehabt, eines für die Schule und eines für zu Hause, ein Paar Schuhe, die ich aber nur dann trug, wenn ich in die Schule oder sonstwohin ging, einen Mantel, eine rote gestrickte Wollemütze, dann hatte ich auch etwas Unterwäsche, Hemdchen und Höschen, sie waren aus einfachem Leinen, von Mutter selbst genäht, aber sie waren immer sauber, ja, auch Taschentücher hatte ich gehabt, mit meinem Monogramm, A. R. Am Tag nach Mutters Abfahrt aber bekam ich jenes alte Kleid, ein Fetzen, das ich sommers und winters trug, das ich einigemal schon flicken mußte, und meine schönen Sachen hatte Großmutter in eine Truhe gesperrt, ich sah sie nie wieder, wahrscheinlich hat sie nach ihrem Tod irgendeine Nachbarin genommen, jemand, der arm war und eine Tochter hatte, nun aber besaß ich eigentlich nur ein einziges altes Kleid, ich war die Ärmste von den Armen im Dorf, im Sommer hatte ich kein *Schuch*, ich lief barfuß umher, auch wenn es kalt war, auch wenn es regnete, im Winter hingen mir die verfluchten *Botschkor* an den Füßen und rieben mich wund, und oben trug ich einen alten Rock, der wahrscheinlich noch von Großvater stammte, er war mir viel zu groß, hielt aber warm, ich sah sicher sehr komisch aus, aber was sollte ich machen, etwas mußte ich gegen die beißende Kälte anziehn, am

Kopf trug ich wie die alten Frauen ein *Haaptticbl,* das von Großmutter stammte und uralt war, so gekleidet ging ich umher, auch auf der Gasse, und die Leut sagten, ich seh aus wie *a klaanes Waldweibl.* Auch waschen durfte ich mich nicht mehr so wie früher, denn in Klausenburg hatte ich jeden Samstag im Zuber gebadet, jetzt aber sagte Großmutter, die sich anscheinend nie anderswo wusch, als im Gesicht und an den Händen, jedenfalls hab ich nie gesehn, daß sie gebadet hätte, Großmutter sagte zu mir, als ich in der *Kuchl* mir ein Bad richten wollte: »Uns padn mir ßich in Wassr«, was soviel hieß, daß man im Wasserfluß zu baden hatte, ich nahm also ein Stück Waschseife, denn was anders gab es nicht, und lief zum Fluß, wo ich eine unbeobachtete Stelle fand, und mich überall waschen konnte, das ging im Sommer, aber im Winter war das nicht möglich, und ich litt sehr darunter daß ich mich nicht mehr ganz waschen konnte, ich verwahrloste, ich sah sicher ungepflegt und schmutzig aus, was Großmutter nicht im geringsten interessierte, denn ich war ja für sie nichts anders als eine Magd.

Es war im Frühjahr 1944, ich glaub, Anfang April, und ich hatte den ganzen Tag über oben auf der *Kempa Krumpirn* in die Erde gelegt, und kam gegen Abend todmüd nach Hause, und da sagte Großmutter, ich soll noch die *Kuchlkotzn* zum Fluß tragen und vom Winterstaub ausspülen, denn bald kommen die Ostern, und dann soll es sauber sein im Haus. Ich ließ mich auf ein Hockerl fallen und sagte: »I kann nit mehr, Oma, i pin stark abmiedet.«

»Was«, schrie sie mich an, »tu verfluchti fauli Zichtin, willst nit mehr arpeitn, tann geh, wuhin willst«, haute mir zwei *Tetschn* herunter und stieß mich zum *Litzntierl* hinaus.

Ich stand auf der Gasse, barfuß im geflickten Kleid, ich konnte es nicht fassen, das kann nicht wahr sein, du träumst, dachte ich und wollte zurück ins Haus, aber das *Litzntierl* war schon zugesperrt, und ich stand tatsächlich auf der Gasse, ausgestoßen, und ich sollte mich nun selbst zurechtfinden, aber wie? Wohin sollte ich gehn, wer brauchte ein dreizehnjähriges Mädchen, das nichts hatte, das arm war wie eine Kirchenmaus oder vielleicht noch ärmer? Ich hockte mich vors *Litzntierl* und heulte, eine Nachbarin kam vorbei, sah mich verwundert an und sagte nichts, irgendwelche Kinder, auch aus der Nachbarschaft, riefen mir etwas zu, vielleicht war es auch ein Schimpfwort, ich verstand es nicht, ich konnte nichts mehr denken, ich wär am liebsten dort, auf der Gasse, der Hintergasse, gestorben, ich versuchte dann noch einmal, Großmutter umzustimmen, ich rief, ich flehte, ich bat, sie soll mir verzeihn, ich will alles tun, was sie von mir verlangt, aber ich hörte nur, wie sie ins Haus ging und die Tür zum Hof geräuschvoll zumachte.

Nach einiger Zeit begann ich zu frieren, und da fiel mir ein, daß ich noch eine Tante hatte, die Rosi-Näni, sie schrieb sich Rosa Langthaler nach ihrem Mann, als Mädchen hatte sie Arowitsch geheißen, diese Tante war einmal bei Großmutter gewesen und hatte mit mir einige Worte gesprochen, sie schien eine gute Frau zu sein, denn sie war freundlich zu mir, und daran erinnerte ich mich nun, so ging ich zur Rosi-Näni, die unten in der Weidengasse wohnte. Als ich dann vor ihrem Tor stand, hatte ich plötzlich furchtbare Angst, was würde sie sagen, wenn ich so daherkam und sie bat, mich aufzunehmen, schließlich klopfte ich ans *Litzntierl* und trat in den Hof, wo die Tante gerade beim Holzspalten war.

Bei der Rosi-Näni hab ich dann einige Zeit gewohnt, ich hab auch hier auf der Ofenbank geschlafen, und anstatt eines Mantels bekam ich auch hier einen alten Rock ihres Mannes, der übrigens Joku hieß, doch war der Onkel etwas dünner als mein im Ersten Weltkrieg verstorbener Franz-Großvater, und sein Rock stand mir besser, er war nicht so weit und hing nicht so über die Schultern.

Ich war nun Magd bei der Tante oder, wie man heut sagt: Mädchen für alles, und ich arbeitete auch hier von in der Früh um vier bis am Abend um sieben oder manchmal auch um acht, wonach ich todmüd auf die Ofenbank sank und sofort einschlief.

Onkel Joku war meist sehr freundlich zu mir, aber die schweren Säcke mußte ich allein schleppen, und auch die Körbe mit dem Holz, das ich auch allein spaltete. Eines Tages, als die Tante mit einer Nachbarin um Maismehl nach Unterwischau gefahren war, stand ich am Waschtrog wie einst meine arme Mutter und wusch Wäsche, die Rosi mir gegeben hatte, der Onkel war im Hof beschäftigt. Auf einmal kam er in die *Kuchl* und hob mir von hinten das *Kleirl* hoch, riß mir die Hose herunter und machte sich an mir zu schaffen. Zuerst war ich starr vor Schreck, denn so etwas hatte ich nicht mehr erwartet, dann überkamen mich Angst und Ekel, Gefühle, die ich, seitdem ich weg war von Vater, nicht mehr empfunden hatte, aber das dauerte nicht lang, ich wollte mich umdrehn und fortlaufen, aber er hielt mich von hinten so fest, daß ich nicht loskommen konnte, dabei schnaufte er, ich spürte seinen Atem im Nacken, und ich spürte auch etwas Hartes zwischen meinen Beinen, was dort herumrutschte, und dann war auch schon diese glitschige Soße da, die mir an den Beinen herunterrann, es war so furchtbar eklig, daß ich zu weinen begann, der Onkel aber ließ mich jetzt los, knöpfelte sich den Hosenschlitz zu, und ich stand da mit dem widerlichen Zeug an den Beinen, es war zum Kotzen, es war mir tatsächlich kotzübel zumute, ich weinte vor Scham und vor Wut, daß so etwas geschehn war, Joku aber ging pfeifend in den Hof und begann Holz zu sägen, so als wäre nichts geschehn. Ich nahm vom Ofen warmes Wasser, schüttete es ins *Lawor*, hockte mich drüber und wusch mich, so gut ich konnte, inzwischen kam der Onkel noch zweimal in die *Kuchl*, aber er beachtete mich nicht, er pfiff vergnügt ein *Ssangl*, und ich zitterte, weil ich nichts anders tun konnte, als mich zu waschen.

Dann aber ging ich in den Hof und schrie: »Wann tie

Näni kummt zahaus, i werd ßagn, was tu hast macht mit mir, taß tu hast Spott triebn mit mir!«

Der Onkel stellte die Säge neben das Holz, machte ein sehr ernstes Gesicht und kam langsam auf mich zu, zuerst dachte ich, er wird mich jetzt schlagen, und ich erhob die Händ, um seine Schläge abzuwehren, aber er sagte mit leiser, beinah freundlicher Stimme: »Wann tu was ßagst fier tie Rosi, jagt ßie tich turten hin, vun wu pist kummen! Hast verstandn?«

Selbstverständlich hatte ich verstanden, wenn ich etwas gesagt hätte, wäre die Tante sehr bös geworden, über ihn, aber auch über mich, und ihn hätte sie nicht davonjagen können, denn er war ihr Mann, aber mich hätte sie sofort gefeuert, und wohin sollte ich dann gehn, wohin auf der Herrgotts Welt, denn ich hatte ja niemanden, ich hatte nicht einmal eine richtige Schlafstelle, ein Bett, mein Platz war auf der Ofenbank, und dort durfte ich mich erst schlafenlegen, wenn alle zu Bett gegangen waren, und niemand mehr in die *Kuchl* kam.

Das, was Joku mit mir machte, ließ sich nicht vergleichen mit dem, was einst Vater getrieben hatte, der Onkel war immer sehr freundlich und belästigte mich eigentlich nur einmal in der Woche, er lauerte tagelang auf die Gelegenheit, bis die Tante nicht zu Hause war, und ich ihm nicht entkommen konnte, oft versuchte ich trotzdem, zu entwischen, ich lief in den Garten, ich versteckte mich im Schuppen, ja, einmal wollte ich in den Hühnerstall kriechen, und da erwischte er mich gerade, als ich mich durch das Türl zwängte, er schob ein wenig nach, und ich saß in der Klemme, ich klemmte kniend im Tür, und er zog mir, ohne daß ich mich wehren konnte die Hosen herunter und *trieb seinen Spott mit mir,* es war furchtbar, ich weinte, während er es machte, dann gab er mir einen zärtlichen Klaps auf den Hintern, und ich mußte mich allein aus dem Stall hinauszwängen, während er pfeifend durch den Hof ging und tat, als wäre nichts geschehn.

Diese Sachen ekelten mich so, daß ich an jenen Tagen

nichts mehr essen konnte, was die Tante weiter nicht wunderte, wahrscheinlich war sie froh, daß das Essen übrigblieb, denn irgendwann, am nächsten Tag aß ich es dann doch, es war aber nicht nur der Ekel, sondern auch die Angst, die Angst, die mir den Verstand nahm und weswegen ich nachts aufwachte und dann lang nicht mehr einschlief, die Angst, ich könnte ein *Mansr* bekommen, ein *Mansr,* das war das Furchtbarste, was ich mir denken konnte, Gott, wie oft hab ich gebetet, es soll mir nichts passieren, nicht das, nur nicht das, ich hatte eine so wahnsinnige Angst, und ich war fest entschlossen, mich lieber aufzuhängen, als mit einem *Mansr* schwanger zu bleiben, und ich weiß, daß ich das sicher getan hätte.

Aber es kam anders.

Eines Tages sah ich Großmutter auf der Gasse, ich grüßte, wie das bei uns üblich ist, »Tschokolom«, dann *pusste* ich ihr die Hand, und sie verzieh mir. »Kannst kummen zuruck«, sagte sie, ohne mich anzusehn, aber ich war so froh, daß ich gleich mit ihr mitging, denn ich besaß ja nichts, was ich von der Tante hätte mitnehmen können, den Rock vom Joku hatte ich nicht an, und sonst war das, was ich auf mir trug, mein. Ja, so arm war ich, ich hatte immer noch keine richtigen Schuh, und ich hatte auch keinen Mantel, das bißchen Unterwäsche war bei Großmutter geblieben.

Ich machte nun alles, um sie nicht mehr zu ärgern, ich widersprach nicht, und es war das härteste Brot, das ich jemals in meinem Leben gegessen hab, das heißt, damals gab es ja kein Brot, man aß *Tockan,* warmen oder kalten Maisbrei, mit Fett oder mit Schafkäse, selten gab es dazu gebratenen Speck oder einen Löffel Rahm, ich jedenfalls hab immer nur *truckeni Tockan* bekommen, und in der Früh und am Abend ein Glas Milch, und davon mußte ich satt werden, anderen Kindern ist es sicher besser gegangen, sie haben zu Ostern oder zu Weihnachten auch Kuchen gegessen, und am Sonntag gab es Brot und

Rindsknochensuppe, aber ich kannte sowas nicht, jedenfalls nicht in Wischau.

Dafür war ich bei Großmutter in Sicherheit.

Hier gab es keinen Onkel, der mir von hinten das *Kleirl* hochhob, der pfeifend durch den Hof ging, und es gab auch keine Tante, vor der ich mich fürchten mußte, vor Großmutter hatte ich keine Angst, sie war eine sehr harte Frau, wie ein Stück Holz, wie ein Baumstamm, sie hatte kein Herz in der Brust, gefühllos wie ein Sack *Krumpirn*, ja, das ist vielleicht der beste Vergleich, sie war so wie ihre *Krumpirnßäck*, und dabei war sie meine richtige Oma, die Mutter meiner Mutter, und bei ihr hätte ich mich wie zu Haus fühlen müssen, das heißt, besser als zu Haus, denn dort war ja der Vater, wegen dem ich hab weg müssen, weg von Mutter und der Resl, ja, so ist es, ich hatte kein Zuhaus, ich hatte keine Familie mehr, ich hatte niemanden, mit dem ich ein Wort hätte sprechen können, ich hatte aber auch keinen Ort, wo ich mich *gemietlich spiern* konnte, wo ich geschützt war, ich hatte nichts, ich hatte niemanden, ich war *a Niemandkind, a Mansr*, das niemand brauchte, das heißt, man brauchte mich schon, aber nur zur Arbeit, zur schwersten Arbeit, obwohl ich noch nicht vierzehn Jahre alt war, man brauchte mich, um *Spott mit mir zu treiben*, wie der Onkel Joku es gemacht hatte, freilich, so gequält wie mein Vater hat er mich nicht, bei ihm dauerte es einige Minuten, und dann hatte ich wieder meine Ruh, Vater aber quälte mich beinah jeden Abend, er zwickte mich und tat mir weh, er war ein Teufel, Onkel Joku hingegen war nur ein Schwein, und wenn ich jetzt über diese beiden Männer so red, soll Gott es mir verzeihn, sie sind beide schon unter der Erd, sie können mich nicht mehr hören, und was ich gesagt hab, das stimmt auch alles, und wenn sie auf der andern Welt ihre Sünden aufzählen mußten, dann haben sie das alles auch selbst schon einmal gesagt, nur daß niemand von uns es hören konnte, außer Gott, und meine Geschichte ist ja für die Menschen bestimmt, für jene, die mir zuhören möchten. Ich hab den Vater verflucht, es stimmt, ich hab nicht anders können, aber den Onkel hab ich nicht verflucht, ich hab ihn nur sehr gehaßt, und ich hab Angst gehabt vor ihm, aber Angst hatte ich vor den meisten Menschen, auch vor den Buben, die oben auf der *Kempa* wie ich *Krumpirn* hackten, auch vor ihnen hatte ich Angst, weil sie mir allerhand schmutzige Wörter zuriefen und mir allerlei Zeichen machten, die wieder das bedeuteten, was ich so fürchtete und haßte.

Und da war noch die Familie Sternheld, und uns gegenüber wohnte der Lehrer Mühlbauer.

Diese Menschen, die ich nicht näher kennengelernt hab und mit denen ich auch wenig zu tun hatte, gehörten nicht zur Bevölkerung, zu den Zipsern, es waren Fremde, der Sternheld war von anderswo gekommen, jedenfalls sagten die Nachbarn, er ist a *Zugreister,* und er hatte *a Gwelb,* einen kleinen Laden, wo man beinah alles kaufen konnte, wenn man Geld hatte. Lehrer Mühlbauer war auch kein Zipser, er unterrichtete in der deutschen Schule, aber nachdem ich nicht mehr zur Schule ging, brachte ich ihm nur jeden Abend ein *Kandl* mit Milch, die er dann einmal im Monat Großmutter bezahlte.

Ja, von der Familie Sternheld wäre noch zu sagen, daß ich ihnen am Freitagabend keine Milch tragen durfte, da wollten sie nicht gestört werden, denn für sie begann dann der Sabbat. Am Samstagabend, wenn es schon dunkel war, konnte ich ihnen wieder Milch bringen, ihr Feiertag war dann vorbei, und sie gingen wieder ihrer Arbeit nach. Samstag jedoch taten sie nichts, sie ruhten sich aus, ja, sie zündeten nicht einmal das Feuer im Ofen an, auch das mußte an jenem Tag ein anderer für sie tun, und oft rief mich Frau Sternheld hinüber, und ich machte Feuer in der Küche und wärmte ihnen das vorgekochte Essen, wofür ich jedesmal ein Stück *Gebäcks* bekam, das war eine feine *Packarei,* aus sehr weißem Mehl, und mit *Nussn gfillt,* weswegen sie auch sagten, *mit Nussn gfilltes Gebäcks,* einmal hab ich bei ihnen auch ein Stück *gfilltn*

Fisch bekommen, bis dann hatte ich so etwas noch nie gegessen, es schmeckte sehr gut, ich erzählte aber Großmutter nichts davon, denn wahrscheinlich wär sie sehr bös geworden, weil ich bei fremden Leuten besser gegessen hatte als bei ihr, wo es ja meistens *Tockan* gab.

Es war Mitte April 1944, als ich oben auf der *Kempa* Beete für die *Puschfisolen* anlegte, da hat man die Familie Sternheld, ihn, seine Frau und die beiden Buben weggeführt, ich erfuhr das am Abend, als ich nach Haus kam, denn Großmutter sagte mir, ich muß jetzt keine Milch mehr tragen zur Sternheld-Näni, die sind weggeführt worden. »*Wuhin?*« fragte ich. Großmutter antwortete so, wie die Zipser es tun, wenn sie nicht genau Bescheid wissen oder sich absichtlich dumm stellen: »I weiß?!«

Die Fenster des Hauses, in denen die Sternhelds gewohnt hatten, waren eingeschlagen, die Läden bewegten sich und quietschten im Wind, das Tor stand offen und der Hund winselte vor Hunger, denn er hatte nichts mehr zu fressen bekommen. So sah das am Morgen aus, als mich Großmutter mit einem Stück *Tockan* hinüberschickte und sagte, ich soll den Hund von der Kette freimachen: »Ssoll er laufen, wuhin er will.«

Ich gab dem Hund die *Tockan,* er schlang sie gierig hinunter, woran ich bemerkte, daß er vorher auch nichts Besseres bekommen hatte, obwohl er der Hund einer gutgestellten jüdischen Familie gewesen war, dann löste ich sein Halsband, das samt der Kette zu Boden fiel, und sagte: »Na, lauf Rexi, lauf!« Zu meiner Überraschung aber lief er nicht weg, er schlich zum Haus, dessen Tür offen stand, schnupperte herum und weinte, wie eben Hunde weinen, er hockte sich schließlich auf den offenen Gang, dem *Ssaal,* und begann zu *urgln,* wahrscheinlich hatte das Tier mehr begriffen als die Menschen, die Nachbarn, die ziemlich teilnahmslos geblieben waren, als man die Sternhelds weggeführt hatte, jedenfalls schien es mir so. Ein Nachbarskind war dabeigewesen, ein kleiner Junge, der Toni Faltitschka, als zwei *Tschenders* kamen und mit den Gewehrkolben die Fenstern zertrümmerten, dann in den Hof eindrangen und die Sternheld-Näni mit den beiden Buben aus dem Haus trieben, so, wie sie gerade angezogen waren, die Sternheld-Näni hatte noch eine weiße Schürze umgebunden, denn sie wollte gerade *Gebäcks* machen, sagte der Toni, die beiden Buben waren angekleidet, sie hatten sich für den Schulweg fertiggemacht, der Weg führte sie aber zur Bahnstation Oberwischau, wohin man wahrscheinlich auch den Herrn Sternheld gebracht hat, denn er war im *Gwelb* ausgehoben worden.

Nach einigen Tagen hat der Vater vom Toni, der Adolf-Batschi, die Läden und die Tür vom jüdischen Haus zugenagelt, damit niemand hineingehn kann, und so ist es geblieben, niemand hat von dort was genommen, und kein Kind ist in den Hof hineingegangen. Das war so bis im Oktober 1944, als die meisten Zipser aus Oberwischau vor den Russen flüchten mußten und auch ihre Häuser zunagelten. Als sie dann aber im Jahr darauf zurückkehrten, war alles aufgebrochen und ausgeräumt, die Häuser der Zipser und die Häuser der Juden, und so fragten die einen und die andern, wer das gemacht hat, doch die Einbrecher und Diebe hat man bis heut nicht gefunden, man hat sich zwar denken können, wer das gewesen war, aber genau weiß man es nicht, und jetzt ist es auch sowieso unwichtig, denn was hin ist, ist hin.

Über die Juden hab ich schon öfters erzählt, und wenn ich jetzt noch einmal davon sprech, will ich nur sagen, was mich damals sehr beeindruckt hat, was ich bis heut nicht vergessen kann.

Da war einmal jene Resa König, im Zwischengassl, Ekke Herrengasse, die Resa, die meine Mutter, als sie mit mir schwanger war und in die Wischau springen wollte, gerettet hatte. »Wann tu gruß pist, ßollst gehn und tie Resa paßuchn, ßollst ßagn, tu pist mein Kind«, hatte mir Mutter einmal aufgetragen, und ich glaub, es war im September 1943, bald nachdem mich Mutter nach Oberwischau gebracht hatte, da ging ich eines Abends, als ich von der *Kempa* kam, beim Zwischengassl vorbei und fragte, wo die Resa-Näni wohnt, ich fand auch bald das Haus, ein kleines jüdisches *Stiebele* aus Holz, wie es auch heut noch einige gibt, doch dort war keine Resa mehr, sondern nur noch eine alte Frau, die im Hof unbeweglich auf einer Bank saß. Zuerst dachte ich, die schläft, aber dann fragte sie mich auf walachisch, was ich will. »Caut pe Resa-neni König«, antwortete ich, nun fragte sie mich auf zipserisch, wer ich bin und warum ich die Resa such, was ich von ihr will, und ich antwortete immer höflich, aber ich sah keine Resa nicht, die Alte war allein, und darum fragte ich schließlich, wo die Resa ist, und dann sagte die Alte, die, glaub ich, auch eine Jüdin war, daß die Resa fortgeführt wurde. »Auf Arbeit«, sagte sie, in ein Arbeitslager, und wer weiß, wann sie wiederkommt. »Das Haus ist leer«, sagte die Alte, »denn auch den Mann von der Resa haben sie mitgenommen, auch auf Arbeit.« Ich fragte dann die Alte, wer sie ist, und sie sagte, sie ist die Mutter von der Resa, sie wohnt in einem *Heisl, a Stiebl* in der Borschagasse, weiter oben im Tal, aber wenn das Wetter schön ist, kommt sie am Abend immer her, sitzt im Hof und erinnert sich, wie es war, als hier noch die Resa mit dem Schamu gewohnt hat. Was sollte ich darauf antworten? Ich grüßte und ging.

Die Resa ist nie mehr ins Dorf zurückgekommen, und ich weiß nicht, ob sie noch am Leben ist, wahrscheinlich hat man sie vom Arbeitslager weiter nach Auschwitz geschafft, ihre Mutter aber wurde, so wie alle Juden, im April 1944 fortgeführt.

Ja, das war im April 1944, ich war damals so dreizehneinhalb und mußte den ganzen Tag arbeiten, meistens oben auf der *Kempa,* aber zweimal bin ich dann doch weggelaufen, denn ich wollte sehn, was mit den Juden geschieht. Die hatte man nämlich zur Bahnstation Oberwischau gebracht, da ist ein Platz, und den gibt es auch heut noch, dort stehn Stapel von Brennholz, Zementsäkke, Baumaterial. An jener Stelle waren im April Hunderte von Juden, ganze Familien, oder auch ältere Leut, die allein geblieben waren, sie hockten auf der nackten Erde, auf Säcken oder auf Kisten, jeder wie er konnte, und warteten, daß man sie in Viehwagen verladet und in Richtung Sigeth abtransportiert.

In der Nacht war es sehr kalt, denn ringsherum sind ja hohe Berge, Gebirge, aber am Tag war es sehr heiß, und da bettelten die Juden um Wasser, sie flehten und schrien, aber die *tábor csendör*, die *Tschenders*, wie wir sagten, gaben ihnen nichts zu trinken, sie lachten und verspotteten die Juden, wie sie nur konnten, ja, die Juden mußten ihre Notdurft dort tun, wo sie mit ihrer Familie waren, sie durften von der Stelle nicht weggehn, und so sah man manchmal, wie ein Jud hockte und *Kaka* machte, oder wie die Kinder *kaka* machten, die *Tschenders* aber und das Militär amüsierten sich, es gab Offiziere, die das fotografierten, das hab ich selbst gesehn, die gingen zwischen den Juden herum und fotografierten die alten Leut, wenn sie ihre Notdurft taten, die Soldaten lachten, und manche, so hat man damals erzählt, haben in Flaschen *prunzt*, dann Wasser dazugeschüttet und das den Juden zu trinken gegeben, ihr seid ja gar nicht durstig, haben sie gerufen, wenn ihr nicht trinken wollt, ja, sie haben viel Spott getrieben, und dann hat man auch Trinkwasser verkauft: einen Eimer Wasser für einen Goldring ... So haben die Leut damals erzählt.

Als ich dort war, dachte ich, ich seh auch die Sternheld-Näni, aber es waren so viele Leut, die dort auf der Erd hockten oder standen, daß ich nicht hab finden können, auch durfte man nicht nah heran, da standen die Wachtposten und paßten auf, daß niemand zu den Juden geht und ihnen was gibt. Und es waren auch viele Frauen mit kleinen Kindern, die weinten, vor Hunger oder vor Durst, vielleicht war es ihnen auch zu heiß in der prallen Sonne, ja niemand hat ihnen helfen dürfen, das weiß ich, denn es war damals sehr viel Militär da.

Am Abend hab ich dann Großmutter gefragt, warum

man die Juden wegführt, und zuerst hat sie ein wenig nachgedacht, und dann hat sie gesagt: »I weiß?!« Na, dann hab ich noch einmal gefragt: »Habens awas macht, weil treibt ma ßo a Spott mit ßie?« Worauf Großmutter wieder ein wenig nachgedacht hat, aber dann kam keine Antwort mehr, sie sagte: »Weißt was, mach Fressn fier tie Schweinr!«

Ich hab dann dieselbe Frage auch dem Faltitschka-Batschi gestellt, der Faltitschka-Batschi war der Vater vom Toni und hatte das Haus der Sternhelds zugenagelt, na, der hat mir diese Antwort gegeben: »Unsr Herrgott weiß, warum man hat macht tas mit tie Judn!« Weiter hab ich dann nicht mehr gefragt, nur erinner ich mich, daß man damals, bevor die Juden weggeführt wurden, manchmal so schreckliche Geschichten über sie erzählt hat...

Ja, das muß ich auch noch sagen, es ist nicht viel, was ich weiß, aber eine Nachbarin, die Tintschi Hechenfellner, die war einmal bei meiner Großmutter in der Kuchl, und ich hab draußen *Krumpirn schobt*, und da hab ich gehört, was die erzählt hat. Die Juden, sagte sie, haben wieder ein Christenkind gefangen und geschlachtet, damit sie frisches Blut haben, das Kind hat man am Fluß gefunden, und es ist ganz weiß, weil die Juden ihm alle Venen aufgeschnitten haben, damit das junge Blut herausrinnt. Großmutter fragte dann, wofür die Juden das Kinderblut brauchen, und die Tintschi-Näni sagte, sie brauchen es für ihre Kinder, denn die werden blind geboren, und dann müssen sie ihnen mit frischem Christenblut die Augen betupfen, damit sie sehn können, sonst bleiben sie für immer blind.

Das hat mich damals sehr beeindruckt, denn ich hatte so etwas noch nie gehört, und ich mußte an meine jüdischen Klassenkollegen in Klausenburg denken und daß möglicherweise auch deren Augen mit jungem Christenblut betupft worden waren, und diese Sache schien mir so ungeheuer, daß ich einige Nächte nicht gut schlafen konnte, und ich hab einige Zeit tatsächlich daran geglaubt, bis mein erster Mann, ich war damals schon siebzehn, mir erklärte, dies ist ein großer Blödsinn, den die dummen Leut erfunden haben, und die Judenkinder können nach der Geburt genauso sehn wie unsere Kinder. Nun, ich hab kein neugeborenes Judenkind sehn können, weil es dann hier keine Juden mehr gegeben hat, das heißt, es waren nur noch einige alte Leut hier, und vier oder fünf von ihnen leben auch heut noch, der Moses Pollak, der Schneider, der Mendel Friedmann, der Schafhirt, mit seinem Weib Baila, na, die andern kenn ich nicht.

Vor einigen Jahren war ich einmal am Zweiten Berg beim Heumachen, am Abend kam ich den Karaschgraben herunter, und links ist ja das *Judnpergl,* wo auch der jüdische Friedhof ist, und da stand vor dem Friedhofweg ein Auto, ein sehr schönes Auto, und das war aus Deutschland gekommen, das hab ich an der Nummer gesehn, und ums Auto drängten sich die Kinder, die im Karaschgraben wohnen und guckten hinein, wie das drin ausschaut, denn auf den Sitzen lagen Felle, es war ein sehr elegantes Auto, ich aber fragte eine Frau, wer mit diesem Auto gekommen ist, und sie sagte mir, sie weiß nicht wer, es ist aber eine Frau da gewesen, die nach dem Judenfriedhof gefragt hat.

Ich bin dann zum Judenfriedhof gegangen, und der ist ja gleich rechts am *Pergl,* und da sah ich eine Frau bei einem Grab stehn, sie hatte einen weißen Mantel und graues Haar, das sich so im Wind bewegte, wie bei einer alten Hex, aber es war eine sehr feine Frau, das sah ich, als ich näher kam, ich grüßte, und sie grüßte, und da fragte sie mich, ob ich eine Deutsche, das heißt eine Zipserin bin, naja, was sollte ich sagen, »ich bin eine Zipserin«, sagte ich. »War dein Vater im Krieg«, fragte mich die Frau, und sie sagte du zu mir, so, wie die Leut von hier. »Ich hab keinen Vater«, antwortete ich, »ich hab nur eine Mutter«, das war ja auch die Wahrheit, und inzwischen mußte ich mich deswegen nicht schämen, denn nun war ich verheiratet, hatte einen Mann und zwei Kinder.

»Du hast keinen Vater, wieso hast du keinen Vater«, wunderte sich die Jüdin. Ja, dann sagte ich ihr, daß ich ein uneheliches Kind bin und meinen richtigen Vater nie gesehn hab.

»Weißt du«, sagte sie dann, »mein Vater liegt hier in der Erde, wo aber meine Mutter ist, mein Mann, meine beiden Söhne, weiß ich nicht, sie sind im Lager umgebracht worden, meine Söhne hat man erschossen, meine Mutter war alt und ist gleich ins Gas geschickt worden, mein Mann später, aber wann, weiß ich nicht ...« Sie sagte das so ruhig, als würde sie von etwas sprechen, was sie gar nichts angeht, und ich mußte an die Begegnung mit Judith denken, die über diese Dinge auch so gesprochen hatte, als wäre das Schicksal ihrer Familie eine Sache, die sie nicht im geringsten berührt, und es war wieder dieses seltsame Gefühl in mir, ich spürte, daß es ein Leid gibt, das größer ist, als unser tägliches Leiden, ein Leid, das so groß und tief ist, daß einem weder Worte noch Tränen helfen, um es zu vergessen, und man kann darüber nicht sprechen, und man kann deswegen auch nicht weinen, das Leid ist stärker, es läßt nicht zu, daß man sich *freispricht,* so wie ich das jetzt mach, oder daß man sich *freiweint,* oder ausweint, wie es richtig deutsch heißt, denn früher sagte man den Kindern, wenn sie sich mit einem Messer in den Finger geschnitten hatten oder wegen einer anderen Sache heulend zur Mutter kamen, geh, wein dich aus, dann vergehts, aber das war ein kleiner Schmerz, der war da, und nachher war er weg und vergessen, aber dieses Leid, das die Judith Rubiner oder diese unbekannte Frau am Friedhof in sich trug, das konnte nicht gemessen werden an dem, was die Menschen bisher gekannt hatten, das fühlte ich damals, obwohl ich niemals genau das fühlen kann, was eine Jüdin fühlt, die ihre Familie verloren hat, man kann ihr Leid verstehn, aber nachfühlen kann man es nicht, und ich weiß nicht, ob ich das so gesagt hab, daß man es versteht. Mein Gott, was hab ich gelitten wegen meinem Vater, der mich bis in die Träume verfolgt hat, der mir soviel Angst mitgegeben hat ins Leben, daß ich mit meinem ersten Mann zuerst gar nicht schlafen konnte, und dann der Spott, den Joku mit mir getrieben hat, auch das hab ich nicht vergessen können, aber alles, was ich als kleines Mädchen durchgemacht hab, läßt sich das vergleichen mit dem Leid der Judith Rubiner oder mit dem Leid der alten Jüdin am Friedhof? Natürlich nicht, denn ich konnte weinen, mich ausweinen, und ich hab viel geheult, und heut weiß ich, daß mir die Tränen oft geholfen haben, und ich konnte diese beiden Männer hassen, und den einen, meinen sogenannten Vater, hab ich unzählige Male verflucht, Gott solls mir verzeihn, aber ich hab mich durch das Fluchen und Verfluchen irgendwie erleichtert, ich hab mich von der Last und der Angst, die mir am Rücken hockte, befreit, ja, das ist ein richtiges Wort, ich hab mich befreit, und jetzt *sprech* ich mich davon *frei,* aber diese beiden Frauen, und wie viele andere noch, die konnten sich nicht so einfach *freisprechen* oder ausweinen, und deshalb blieben sie nach außen hin, im Gespräch mit fremden Leut, ruhig und anscheinend gleichgültig.

Diese Frau am Friedhof sah alt aus, sie hatte graues Haar, aber ihre Augen waren jung und auch die Haut im Gesicht, diese Frau war vielleicht nur einige Jahre älter als ich, und sie fragte mich auch, wie ich mit dem Vornamen heiß, und da sagte ich: »Annku.« Ja, da lächelte sie ein wenig, und meinte: »Ja, ja, so hießen hier die Mädchen, Annku, Reßku, Bebu, Marschu, das waren so die Namen ...« Nun konnte ich mich aber nicht zurückhalten und fragte, ob sie vielleicht aus Oberwischau ist und ob sie jetzt in Deutschland wohnt?

»Weißt du, Annku«, sagte darauf diese Frau, und ich hab nachher darüber lang nachdenken müssen, »weißt du, ich wohn nirgendwo, und woher ich komm, das gibt es nicht mehr ...« Diese Worte sind mir so im Gedächtnis geblieben wie die Gedichte, die ich in der Schule auswendig gelernt hab, oder wie die Worte der Judith, damals im Zug nach Großwardein, und ich erinner mich auch noch, daß diese Frau nachher gesagt hat, ein großer Schmerz für sie ist das: es gibt kein Grab, wo ihre beiden Söhne ruhn, kein Grab ihres Mannes und ihrer Mutter, sie weiß nicht einmal, in welche Richtung der Wind ihre Asche geblasen hat. Dieser Vergleich, daß der Wind die Asche von den verbrannten Juden in irgendeine Richtung geblasen hat, und man weiß nicht, in welche, das hat mich damals sehr bewegt, denn ich hab mir vorgestellt, wie das ist, wenn man jemanden verliert, jemand, der so von dieser Welt verschwindet, als hätte der Wind ihn weggeblasen ... Ich hab dann nachher manchmal noch daran gedacht: Kann das wirklich so gewesen sein, daß der Wind die Asche von diesen Menschen fortgeblasen hat, fort über die Felder und zurück ist nichts geblieben, nichts, was an diese Menschen erinnert, nicht einmal ein Grabstein? Aber diese Frau hatte ja das selbst gesagt, und warum sollte sie mich anlügen, sie kannte mich nicht, und wir haben uns nachher nie wieder gesehn, ich begleitete sie noch bis zum Auto, und da gab sie mir zwei Tafeln Schokolade, deutsche Schokolade, die sehr fein duftete, für meine Kinder, und an die vielen schmutzigen Kinder, die dort herumstanden, verteilte sie *Zuckerl*, und die sagten *Kißtiehand* und *tankscheen*, und als das Auto langsam den steinigen Weg hinunterfuhr, liefen die Kinder hinterher und riefen. *»Kummts noch amol! Kummts noch amol!«*

Als ich zu Haus war und im Bett lag, und mein Mann neben mir schnarchte, und im Bettchen im Eck lagen meine zwei Buben und schliefen, und ich hörte, wie sie ruhig atmeten, war ich so froh, daß wir alle beisammen sind, ich hab dann noch an diese Frau denken müssen, die sicher schon weitergefahren war mit ihrem schönen Auto, denn bei wem hätte sie auch bleiben sollen, wenn es hier keine Juden mehr gibt, und ich hab dann später wieder an diese Frau und auch an Judith denken müssen, als mein erster Mann gestorben war, ich hab damals mir gesagt: Du hast den Mann verloren, aber diese Frau hatte auch noch die beiden Söhne verloren, und damals fühlte ich, daß ich die Kraft nicht gehabt hätte, dieses Leid zu tragen, denn ohne meine beiden Kinder wäre mein Leben sinnlos gewesen, und ich hätte sicher damit Schluß gemacht...

Im Sommer 1944 kam dann viel deutsches Militär ins Tal, und die Soldaten sahen sehr gut aus, schöne Burschen, viele blond, und lustig waren sie auch, einige spielten sehr gut auf der Zieharmonika, oder andere hatten eine Mundharmonika und machten damit am Abend Musik. Naja, und dann gingen die Frauen hin, wo getanzt wurde, und was soll ich noch weiter sagen, ihre Männer waren im Krieg, und es gab damals hier in der Gegend nur noch Alte und Krüppel, die jüngeren waren alle in den Krieg gezogen, viele schon mit siebzehn oder achtzehn Jahren, manche zur Waffen-SS, andere zur Wehrmacht, die waren längst fort, bis in den Ural, und das ist sehr weit, ja, manche Zipser haben im Ural gekämpft, andere, hab ich gehört, haben in Norwegen gekämpft, wo das ist, weiß ich nicht genau, aber auch sehr weit. Ihre Frauen, ihre Verlobten, ihre Schwestern, die saßen hier, führten die Wirtschaft, sorgten auf die Kinder, wenn welche da waren, aber sonst hatten sie nichts vom Leben, und nun kamen auf einmal diese schönen deutschen Soldaten ins Tal, und man konnte mit ihnen sprechen, denn sie verstanden unsere Sprache, und wir verstanden sie, wenn auch nicht immer so gut, aber *tes war ja nit ter Fehler,* naja, was soll ich noch sagen, die Frauen waren hinter den Deutschen her wie *ter Tajbu hintr tie Sseeln,* da konnte man nichts machen, und Großmutter sagte mir eines Tages: »Wann i ßick, tu gehst mit a Ssaldatn, i sperr zu tie Tier, kannst draußn pleipn, wu pist.« Natürlich dachte ich nicht daran, mich mit einem deutschen Soldaten einzulassen, erstens hatte ich vor den Männern furchtbare Angst, zweitens war ich sehr arm, ich besaß ja nur ein einziges geflicktes *Kleirl* und keine richtigen Schuh, und wer beachtete eine wie mich.

Daran hatte wahrscheinlich auch meine Großmutter gedacht, nämlich, daß ich niemals einen Mann bekommen werd, denn im Sommer 1944 war ich erst vierzehn, das heißt, erst im September sollte ich vierzehn werden, und eines Morgens holte sie meine Schuh aus der Truhe, die Schuh, die ich in Klausenburg getragen hatte und in denen ich nach Oberwischau gekommen war, sie nahm auch mein schönes Kleid heraus und sagte, ich soll mich waschen und das anziehn, denn wir gehn jemanden besuchen, wen, wollte sie nicht sagen.

Die Schuh paßten mir kaum noch, mein Fuß war gewachsen, auch das Kleid war eng und ein wenig kurz geworden, und ich hatte Mühe, die Schuh anzuziehn, sie drückten mich sehr, aber Großmutter sagte, eine Stund werd ich es schon aushalten, dann kann ich sie ja wieder ausziehn. Nun war ich aber wirklich neugierig, wohin wir gingen, denn sie sagte kein einziges Wort, ich kämmte noch mein Haar, flocht einen dicken Zopf und machte mir eine Schneckenfrisur, wie sie die Mädchen damals trugen.

Wir gingen durch die Hintergasse, dann den Gräntje hinunter bis zur Flußgasse, und dort klopfte Großmutter an ein Tor, und als sich niemand meldete, öffnete sie das *Tierl*, und wir betraten einen Hof, der ziemlich verwahrlost aussah. Im Haus, in der *Kuchl* aber saß ein Mann auf einem *Hockerl*, er war unrasiert und steckte in einer schmutzigen Hose, und dieser Mann war etwa fünfzig oder sechzig Jahre alt. Ich machte einen Knicks, sagte *Tschokolom,* und merkte, wie mich der Mann von oben bis unten kritisch ansah, so, wie Großmutter damals, als ich mit Mutter zu ihr gekommen war und sie mich eine *Herrische* und ein *Stadtmarl* genannt hatte, und ich muß sagen, ich bekam ein wenig Angst, denn warum war Großmutter mit mir hergekommen, was sollte ich hier?

»Gfallt ßie tir, Seppi, is ßie a ßehr a fleißigi, kann ßie

alles arpeitn«, begann Großmutter mich zu loben, und dann sagte sie zu mir: »Ten Seppi wirst heiratn, schreibt er ßich Seppi Warhanyowsky, is er Witwer pliebn, wirst es gut habn peim Seppi, na!« Und mit diesem »na« war die Sache abgeschlossen, und beinah wäre ich die Frau vom alten Seppi geworden, der auf dem einen Bein hinkte, der sich nicht rasiert hatte und auch sonst so ungepflegt aussah, daß ich mich ekelte und vor Angst, er könnte mich berühren, zu zittern anfing.

»Na, kumm her!« sagte nun dieser Seppi, und ich wurde ganz schwach vor Angst, denn es war, als hörte ich die Stimme von meinem Vater, »kumm her, kleine Annku«, sagte er, erhob sich und griff nach meiner Hand. »I will nit heiradn«, rief ich, »i will nit habn a Mann!«

»Gut«, sagte Großmutter, »paradt eich, i geh zahaus«, und damit verließ sie die *Kuchl* und zog die Tür hinter sich zu. Bis ich begriffen hatte, daß Großmutter fort war und ich nun allein vor diesem nach Schweiß und Zigaretten stinkenden Mann stand, hatte er mich auch schon an den Händen gefaßt und hielt mich so fest, daß ich mich nicht von der Stelle rühren konnte, und wieder dachte ich, mein Vater, der Rájszmán, würde mich festhalten, es war derselbe starke Griff, und die Handgelenke brannten mich, als als wären sie in einem Schraubstock, ich schrie, er soll mich loslassen, ich versuchte, mich freizumachen, ich bat und weinte, doch er hielt mich fest wie mit einer Zange.

»Wirst mein Weib, pin i a altr abr a gutr, weißt«, schnaufte er, und ich spürte seinen Mund an meinem Ohr, er roch nach Knoblauch, und er roch auch nach Schweiß und nach Zigaretten, es war ganz furchtbar, ich wehrte mich, ich war verzweifelt, ich weinte vor Wut, denn nun wird es geschehn, dachte ich, jetzt werd ich diesem Mann seine Frau werden, er macht mir ein Kind, und nachher muß ich ihn nehmen, sonst bleib ich mit einem *Mansr.* Wenn er wenigstens jung gewesen wär, ein Bursch, der zu mir gepaßt hätte, aber dieser alte, schmutzige Mann nein, lieber würde ich sterben, als daß dieser mir ein Kind anhängt, dachte ich mir und versuchte verzweifelt, von ihm loszukommen. Plötzlich aber hatte er seinen Mund auf meinen gepreßt und küßte mich, und da mußte ich wieder an den verfluchten ersten Kuß denken, den ich einst von meinem Vater bekommen hatte, alles sträubte sich in mir vor Ekel, ich hielt die Lippen fest verschlossen, während er mir mit seiner Zunge im Gesicht herumfuhr, es war so widerlich, daß ich ständig Angst hatte, ich könnte ohnmächtig werden oder den Verstand verlieren, und dann wär es um mich geschehn.

»Mansr, verfluchtes, teini Mama war a Kurwe, und tu pist aa aani«, schnaufte er und versuchte mich zu einem Bett zu zerren, das in einem Eck stand und auf dem eine Katze saß, eine Katze, die sich das Fell leckte, ich aber war nicht mehr das zwölfjährige Stadtmädchen, und dieser Alte war nicht so jung und stark wie Onkel Joku, ich hatte viele hundert Mal Holz gespalten, ich hatte schwere *Krumpirnßäck* geschleppt und das verfluchte Wagerl gezogen, daß ich manchmal dachte, die Arme würden mir aus den Schultern reißen, ich war klein geblieben, wegen der schweren körperlichen Arbeit war ich nicht so schön hochgewachsen wie die andern Mädchen in meinem Alter, aber ich war kräftig, ich hatte viel Kraft in den Armen und in den Händen, und auch heut noch kann ich einen Sack, der vierzig Kilo wiegt, mit einem Griff hochheben und ein Stück tragen, das macht mir gar nichts aus, also, der wollte mich zum Bett drängen, um *seinen Spott mit mir zu treiben,* und dann nachher hätt ich ihn heiraten müssen, so war es wahrscheinlich ausgemacht, zwischen ihm und der Großmutter, o, wie ich sie deshalb nachher gehaßt hab, mich an so einen Mann wegzuwerfen als wär ich ein alter Rock, den man dem erstbesten Zigeuner gibt, der vorbeikommt und bettelt.

Damals hab ich gedacht, lieber möcht ich sterben, lieber soll er mich umbringen, als daß ich seine Frau werd, und ich hab mich gewehrt, wie ich konnte, ich hab gebissen, gekratzt, zwischendurch hab ich auch geschrien, aber niemand hat mich gehört, ich hab mich nicht *bespotten* lassen, und das ging so vielleicht eine halbe Stunde oder mehr, ich hab nicht auf die Uhr gesehn, aber auf einmal ließ er mich los, setzte sich auf den Stuhl und sagte mit heiserer Stimme: »Tu verfluchti klaani Zichtin, geh zahaus, geh zum Fondi, geh wuhin willst!« Worauf ich hinauslief, mir im Hof ein wenig Kleid und Haar richtete und dann nach Haus eilte, zu Großmutter.

Die war zuerst ein wenig verwundert, als sie mich kommen sah, sagte aber nichts, und ich sagte auch nichts, sondern ging in die *Kuchl*, wo ich wieder mein altes *Kleirl* anzog, die Schuh von den Füßen streifte, meine Füße waren rot und verschwollen, und dann nahm ich den *Krumpirnkessl* und begann das Fressen für die Schweine zu richten. Damit war die Sache erledigt.

Ich hab aber lange Zeit, Nacht für Nacht, von diesem Seppi geträumt, es war manchmal so, als würde er draußen vor der Tür stehn, als würde er warten, es soll dunkel werden, denn kaum war ich eingeschlafen, kam er schon, der Seppi, und versuchte, mich zum Bett zu zerren, wo die Katze saß und sich das Fell leckte, ja, auch diese seltsame Katze, die unbeteiligt auf dem Bett saß, auch die erschien immer wieder in meinen Träumen, und es kann sein, daß sie der Teufel war, denn der Teufel ändert ja ständig sein Aussehn, mal ist er ein schwarzer Hund, mal ein schwarzes Schwein, mal ein schwarzer Ziegenbock, je nachdem, wie es ihm paßt, und vielleicht war er an jenem Tag, als mich Großmutter zum Seppi führte, eine schwarze Katze, nun, ich will das nicht fest behaupten, aber möglich ist es schon, daß bei diesem Seppi der Teufel ein- und ausging. Es gab dann auch Nächte, in denen der Seppi nicht erschien, und an seiner Stelle stand plötzlich mein Vater neben meinem Bett und griff unter die Decke und zwickte mich in die Hüften, daß ich vor Schmerz schreien mußte, aber das war immer mein Glück, denn sobald ich schrie, wachte ich auf und war gerettet, das heißt, manchmal kam er dann noch einmal, zwickte mich aber nicht, sondern quälte mich nur, und dann wachte ich nicht auf, ich mußte alles ertragen, und erst gegen Morgen verschwand der Traum, und ich fühlte mich sehr *abmiedet,* denn ich hatte keinen guten Schlaf gehabt.

Einmal hab ich auch so laut geschrien, daß Großmutter aus dem Zimmer kam und mich wachrüttelte, es war das einzige Mal, daß ich sie geweckt hab, und sie fragte mich, was mit mir los ist, und da sagte ich, ich hab eben zuvor vom Seppi und von meinem Vater geträumt. »Ssickst«, meinte sie mürrisch, »tu tenkst zuviel an Männr«, dann ging sie wieder in ihr Bett, ich aber betete, und ich bat unsern Herrgott, er soll mir keine Träume mehr schikken.

Es war, glaub ich, Anfang Mai, und da hat sich die Stasi Kaschauer erhängt, und das möcht ich auch noch erzähln, auch wenn die Stasi nicht meine Freundin war, denn ich hatte keine Freundinnen, mich brauchte ja niemand, ich war zu arm, hatte nicht einmal einen eigenen Mantel, und auch keine richtigen Schuh hatte ich, ja also die Stasi, das schöne Mädchen, das drei Häuser weiter wohnte, hatte sich eines Abends, bevor es die Kühe melken sollte, aufgehängt, und diese Stasi, die ich so oft bewundert hab, mit ihrem langen blonden Haar, das sie offen trug, und dabei sah sie aus wie die Waldfee Olga, so schön war sie, *scheen wie a Tockn,* sagten die Leut, diese Stasi war einige Monate älter als ich, schon vierzehn. Die Nachricht von ihrem Tod hatte sich wie ein Lauffeuer verbreitet, und es kamen viele Leut, um sie noch einmal zu sehn, sie war in der großen Gassenstube aufgebahrt, und sie lag da wie das Schneewittchen aus dem Märchen, schön war sie, mein Gott, so schön, aber tot.

Ihr Vater, der Kaschauer Franzi-Batschi, war Meister im Sägewerk, das damals dem Alexander Elefant gehörte, ein hochgewachsener Mann mit einem großen Bart, ähnlich wie der Förster Falger hat er ausgesehn, und nun hatte er das einzige Kind, die Stasi, verloren, er war nachher nicht mehr ganz richtig im Kopf, sagten die Leut, und von der Flucht im Oktober 1944 ist er auch nicht mehr zurückgekehrt, wer weiß, was aus ihm geworden ist. Eigentlich war ja er schuld gewesen, daß die schöne Stasi sich aufgehängt hatte, das erfuhr ich alles noch vor der Beerdigung, das erzählte mir ein Mädchen aus der Nachbarschaft, die Tintschi Zeppelzauer, wenn du weißt, wen ich mein, sie ist jetzt vielleicht schon sechzig, hat sieben Kinder und viele Enkel, sie war damals auch ein armes Mädchen, etwa zwei Jahre älter als ich, ihr Vater war in Rußland gefallen; die Tintschi hat mir gesagt, wie das war mit der Stasi.

Die Stasi hatte nämlich einen Freund, den Sohn vom Bäcker Weißberger, naja, der wohnte im *Schtetl,* war ein Jud, aber auch ein sehr schöner Bub, wie sie sich getroffen haben, daß niemand es sah, ich weiß es nicht, denn das hat auch die Tintschi nicht sagen können, aber nach einiger Zeit hat man gewußt, daß zwischen den beiden was ist oder vielleicht auch nur was sein könnte, und der Franzi-Batschi hat seine Tochter fortgeschickt zu einer Tante nach Rohnen, und so hat sie auch nicht gesehn, wie man den Bäcker Weißberger mit seiner Familie im April zur Station geführt hat, und erst im Mai, als sie wieder nach Haus kam, hörte sie, was geschehn war, und da hat sie jeden Tag weinen müssen, und schließlich hat sie es gesagt: sie war im vierten oder fünften Monat schwanger – von dem Judenbuben. Ja, wer hätte das gedacht? Die Stasi sollte *a Mansr vum Judn* bekommen, ausgerechnet die Stasi, die einzige Tochter vom Kaschauer Franz, das war ein großer Schmerz für die Eltern, denn *a Jiedn* hätte die Stasi nicht heiraten dürfen, und *a Mansr* hätte man nicht brauchen haben in der Familie, das war *a gruße Schand.* Als die arme Stasi dann tot war, ist die Mutter, die Olga-Näni, am Sarg gestanden und hat geweint und hat immer gesagt: »Mein armes Kind, i hätt ßes angenommen wie mein Enkl, tu hättst nit weggehn missn vun uns, tu hättst nit weggehn missn vun uns ...« Aber es war zu spät. Dem Pfarrer aber hat man gesagt, sie ist vom Heuboden gefallen und hat sich das Genick gebrochen, denn sonst hätte er sie nicht auf den Friedhof gelassen, weil solche Leut, was Selbstmord gemacht haben, hat man in einem Winkel auf dem Ersten Berg begraben, ohne Pfarrer und ohne Kreuz, nur mit einem Stein, und die sind, so sagt man, auch nie ins Himmelreich eingelassen worden, die müssen bis zum Jüngsten Gericht draußen stehn und warten, daß der Herrgott ihnen die große Sünd verzeiht.

Nachdem die Kaschauer Stasi begraben war, saß ihr Seelenvogel drei oder vier Tage auf einem Baum, es waren einige Leut oben am Friedhof und haben ihn gesehn, ein großer weißer Vogel, der unbeweglich auf einem Baum hockte und wartete, daß unser Herrgott soll der Stasi die Sünd verzeihn, der Vogel aber war die Seele der Toten, die Seele hatte den Körper verlassen, sie war herausgeflogen, durfte aber noch nicht in den Himmel, weil unser Herrgott erst *pastudiern* mußte, ob die Sünd verziehn werden kann oder nicht. Aber nach drei oder vier Tagen hat er ihr die Sünd verziehn, denn der Vogel war dann plötzlich verschwunden, und alle Leut haben sich gefreut: Olga-Näni hat dann jede Woche eine Messe lesen lassen, denn das gefällt Gott sehr, hat der Pfarrer gesagt, und für die Messe hat sie bezahlt, und dann war auch der Pfarrer sehr zufrieden, daß alles so ordentlich und christlich zugegangen ist.

Ja, ich hab die Stasi immer *anstaunt,* weil sie ein so schönes *Marl* war und weil sie so feine *Kleirl* hatte, die sah immer wie eine Puppe im Schaufenster aus, aber gemocht hab ich sie nicht, weil sie doch ein bißchen hochnäsig war, sie erwiderte meinen Gruß, *Servus Stasku,* aber sie sah mich dabei kaum an, sie blickte immer geradeaus, und so ging sie durch die Gasse.

Nun war sie aber tot, und unser Herrgott hatte ihr verziehn, denn der Seelenvogel war fortgeflogen, fort zum Himmel, und nun mußte ich immer an sie denken, das arme *Marl,* hatte einen Freund gehabt, und dafür mußte sie hart zahlen, mußte sterben, denn es war ein *Mansr* unterwegs, ein *Mansr* wie ich, und da mußte ich auch an meine arme Mutter denken, die sich aber nicht das Leben genommen hatte, sie war aus dem Dorf fortgezogen, weit weg in die große Stadt Klausenburg. Hatte vielleicht meine Mutter meinetwegen auch einmal daran gedacht, sich das Leben zu nehmen? Oder hatte sie dazu *ka Kurasch nit*? Ja, in dieser Lage brauchte eine Frau viel Mut, um zu sterben, aber zum Leben brauchte sie noch viel mehr Mut! Der Tod ist kurz, denn man stirbt schnell, in einigen Sekunden oder in einigen Minuten, je nachdem, welchen Tod man sich aussucht, aber das Leben ist lang, und das Leben kann man sich nicht aussuchen, man muß den Weg gehn, der einem vorgezeichnet ist, ja, vorgezeichnet hatte auch der Pfarrer Alois Baumgartner am Grab der armen Stasi gesagt, das Leben war ihr von Gott vorgezeichnet worden, so irgendwie hatte er das gesagt, nun, wir aber wußten alle, daß sie sich das Leben genommen hatte, und da stimmt etwas nicht, denn Gott konnte ihr ja nicht einen Selbstmord vorzeichnen, er konnte ihr ja auch keinen *Mansr* schicken, und er konnte auch nicht einverstanden sein, daß der Judenbub mit seiner Familie nach Auschwitz geht ... War dann das Leben der Stasi und mein Leben und das Leben meiner Mutter doch nicht von Gott vorgezeichnet gewesen, hatte der Mensch doch soviel Freiheit von Gott, daß er einige Dinge selbst tun konnte und sich aber dafür verantworten mußte?

Ja, darüber hab ich damals nachgedacht, es war im Sommer 1944, und ich erinner mich noch an den Tag, ich stand oben auf einer Leiter und erntete die Äpfel, es waren weiße Sommeräpfel, die man nicht schütteln durfte, weil sie sonst sehr schnell braun wurden und verdarben. Während ich also Äpfel pflückte, dachte ich zum erstenmal in meinem Leben über diese Dinge nach, aber lang konnte ich nicht nachdenken, denn plötzlich rief mich Großmutter ins Haus, und ich mußte mit der gekochten Wäsche zum Fluß gehn, um sie im Wasser zu spülen.

In jenem Sommer 1944 ist viel geschehn, jede Nacht rief der Totenvogel, mal von oben, vom Ersten Berg, mal von drüben, vom Fluß, und es schrie auch der *Huhuretz*, oft wachte ich auf und betete leise, weil ich Angst hatte, daß sein Rufen mir galt und er mich bald holen würde, aber der Totenvogel, sagte Großmutter, meldet nur, daß wieder Männer aus dem Tal im Krieg gefallen sind, und das stimmte auch, denn schon nach einer Woche brachte der Briefträger die Postkarten mit den Todesnachrichten, und dann hieß es: »Schunt vor a Wochn hat tas Totnvogl am Dach schreit, i habs geheert ...«

Einmal kam ein Nachbar zu uns, er hieß Adolf Bachnetzky, wir nannten ihn Dolfu-Batschi, der hatte zwei Söhne bei der Waffen-SS, die oben in der Ukraine kämpften, und der erzählte meiner Großmutter, daß man jetzt dort im Karpatenland die Deutschen der Reihe nach erschießt, polnische Partisanen kommen in der Nacht in die deutschen Dörfer bei Rauhau, Howerlau und Mokra und stecken die Scheunen an und auch die Strohdächer der Häuser, in denen die Leut ahnungslos schlafen, und wenn sie dann herauskommen, schießen sie sie nieder, in Neudorf haben sie so in einer Nacht die *Német-utca,* die Deutsche Gasse niedergebrannt und fast alle Bewohner erschossen, bald werden aber die Russen kommen, und dann wird es den Deutschen ganz schlecht ergehn, denn oben, in der Gegend von Ungersmarkt, da haben sie die deutschen Frauen und Mädchen zuerst *bespottet,* und nachher haben sie ihnen *Kukuruzkotschanen* vorn hineinsteckt, naja, die haben so geschrien, und die Männer haben sie zuerst erschossen und ihnen dann die *Putzl* abgeschnitten und in den Mund gesteckt. Das hat der Dolfu-Batschi erzählt, ich saß vor dem Haus, räbbelte *Pifflfisoln* und *loste wie a Mauserl,* und was ich hörte, war so furchtbar, daß ich es mir gar nicht vorstellen konnte, aber Angst hatten wir eigentlich nicht, denn es waren ja noch die deutschen Soldaten im Tal, viele Soldaten, junge starke Burschen, und die machten am Abend so schöne

Musik auf der Ziehharmonika, und dann gingen viele Frauen, deren Männer im Krieg waren, zu ihnen und tanzten, aber es war der letzte Sommer, in dem noch gelacht und getanzt wurde ...

Einmal sagte Großmutter: »Tie werdn alli mit Mansrn pleibn, Kurwen, verfluchti!« Was sollte ich darauf erwidern, ich schwieg, aber gern wär ich auch zu den Soldaten gegangen, nicht um zu tanzen, denn tanzen konnte ich nicht, aber ich hätte gern zugeschaut, wie sich die andern unterhielten, ich hätte auch gern die lustige deutsche Musik gehört, die war wirklich schön, und das junge Volk konnte so gut singen, doch Großmutter hatte mir streng verboten, hinzugehn, und so machte ich mir abends im Hof zu schaffen, und während ich die Schweine fütterte, horchte ich in den Abend und hörte von fern die Ziehharmonika der Soldaten und das Lachen und Kreischen der jungen Zipserinnen, die keine Angst vor einem *Mansr* hatten, weil sie ja verheiratet waren, manche aber waren schon seit einem Jahr oder länger Witwen, und denen spielte es nun keine Rolle mehr, ob sie noch ein Kind hinzubekamen oder nicht, sie wollten noch einmal das tun, was man *wildi Lieb* nennt.

An einem Morgen hörte man aber dann plötzlich von oben aus dem Wassertal ein dumpfes Donnern, so, als wäre dort ein großes Gewitter, aber der Himmel war blau, die Sonne schien, wir hatten einen warmen Herbsttag, und so gingen die Leut auf die Gasse und fragten die deutschen Soldaten, was das für ein Donnern ist, und da hörte ich, wie der Dolfu-Batschi gelaufen kam und rief: »Tie Russn kummen! Tie Russn kummen!«

Bald danach gingen die Leut vom Volksbund, der Volksgruppe, durchs Dorf, es waren die Leut vom Ortsgruppenleiter Karl Funkenhauser, der sehr viel Böses über die Juden gesagt hatte, und diese Leut, das waren seine Helfer, der Beschkid, der Schkurka, der Smeretschuk, die Vertreter der Volksdeutschen im Tal, und die kamen jetzt und sagten, daß am nächsten Tag in aller

Früh die ganze deutsche Bevölkerung evakuiert wird, alle sollten mit den Wehrmachttruppen wegziehn, denn auch die begannen sich schon für den Weg vorzubereiten, Soldaten ratterten auf Motorrädern durch die Gassen, Offiziere brüllten herum, dann donnerte es wieder oben im Tal, und ein Soldat hielt auf einem Motorrad vor dem Haus des Dolfu-Batschi und rief: »Morgen zu Mittag sitzt der Russe in Oberwischau und dann ade, du mein lieb Heimatland! Alle Volksdeutschen werden erschossen!«

Was soll ich sagen? Es war ein großes Klagen im Tal, denn die Leut hatten sich ja schon für den Winter eingerichtet, sie hatten im Sommer Schweine gekauft und sie für Weihnachten gemästet, denn bei uns schlachtet man die Schweine Anfang Dezember, ja, die Ernte war eingebracht worden, alles sauber gespeichert, und nun sollte man auf einmal, so von einem Tag auf den andern, wegziehn und alles zurücklassen, es war ein furchtbarer Schlag für die armen Leut, und viele klagten und weinten, gleichzeitig aber packten sie ein paar Decken zusammen, schlachteten in aller Eile ihre Schweine, salzten das Fleisch ein, schlachteten Hühner und Gänse und brieten sie, aber manche hatten dreißig, vierzig Hühner, andere sogar fünfzig oder sechzig, na, was sollten sie mit so vielen Hühnern machen, sie ließen sie einfach laufen, »laufts weg«, sagten sie, und schlachteten nur die alten und fetten, dann zogen sie los, bepackt mit Rucksäcken und Körben, denn Koffer hatte damals noch niemand, und versammelten sich bei der Bahnstation, genau dort, wo man im April die Juden zusammengetrieben hatte. Na, die Zipser mußten nicht in der Sonne sitzen und Durst leiden wie vor einem halben Jahr die Juden, denn das deutsche Militär half ihnen in die Viehwagen, es waren dieselben, in denen man die Juden deportiert hatte, und am nächsten Morgen, es war der 10. Oktober, ging es zuerst in Richtung Sigeth und von dort weiter nach Schlesien ...

Über die Flucht der Zipser kann ich nichts berichten, denn Großmutter und ich sind nicht geflüchtet, wir blieben in Oberwischau, auch als die Russen durchzogen, ich weiß nur, daß die Zipser zum Teil nach mehr als einem Jahr zurückgekehrt sind, jene, die nicht mehr zurückkamen, waren unterwegs von Partisanen erschossen worden, oder sie sind in den Flüchtlingszügen gestorben, als die Amerikaner und die Engländer darauf Bomben warfen. Ja, die haben auch solche Züge bombardiert, in denen Flüchtlinge, Frauen und Kinder, waren, auch Züge mit Verwundeten, Rote-Kreuz-Züge, darüber kann dir die Frau vom Birkl-Rudi, die Hedwig Jachmannowsky, was erzählen, die hat das selbst erlebt.

Also, Großmutter und ich waren in Oberwischau geblieben.

Als ich sah, daß sich das Dorf leerte, fragte ich: »Uns gehn mir ßich nit?« Worauf Großmutter antwortete: »Nein!«

Am Abend kam der Beschkid in die Hintergasse, er ging in jedes Haus, damals wohnten in diesem Ortsteil nur Zipser, und überzeugte sich, daß die Leut ihre paar Sachen gepackt hatten, um in der Früh loszuziehn. Bei uns fragte er: »Habts nit packt, Reßku-Näni?«

»Na, uns habn mir nix packt«, antwortete Großmutter ruhig, worauf der Beschkid furchtbar zu schimpfen begann, er sagte, jeder Deutsche muß morgen in der Früh das Tal verlassen, denn auch die Truppen ziehen sich zurück, naja, nur für kurze Zeit, dann kommen sie wieder und besiegen die Russen, denn wir sind ja die Stärkeren, der Führer und wir, so sagte er immer wieder, »der Führer und wir«, und mit »wir« meinte er anscheinend die fünftausend Zipser, die im Wassertal wohnten, denn andere gab es ja nicht, und die Soldaten waren ja zum Teil bereits auf ihren Motorrädern auf und davon.

Großmutter ließ ihn reden, und dann sagte sie: »Warum habts tie Russn nit vorher zammschlagn, ßolln ßie nit kummen ins Tal?« Na, diese Frage hatte der Beschkid nicht erwartet, und er wurde ganz rot im Gesicht und schrie, nein er brüllte: »Zichtin, alti, wie redst mit mir? Derschießn ßoll man eng!« Dann lief er hinaus, und nach einer halben Stunde kamen zwei deutsche Soldaten und ein Offizier, und der Offizier sagte, Oberwischau muß geräumt werden und wer nicht gehorcht, wird sofort erschossen!

Viele Jahre später hab ich gehört, daß die Deutschen damals den Langthaler vom Tschunkaberg beinah erschossen haben, als er sich weigerte, zu flüchten, und ich hab mich gewundert, woher Großmutter soviel Mut hatte, dem deutschen Offizier zu widersprechen, denn sie entgegnete: »I kann jetzt nit, weil missen mir noch tie Schweinr fittern und missen mir noch awos machn mit tie Hiehner, weil wu pleibn tie Hiehner, wann mir ßein weg, Herr Offizier?« Der ließ sie aber nicht weiterreden, er unterbrach sie und sagte: »Schon gut, schon gut, Befehl ausführen!« Dann setzte er sich in den Beiwagen seines Motorrades, die beiden Soldaten sprangen auf, und sie ratterten davon.

Kaum waren sie fort, gab Großmutter den Schweinen zu fressen, sie fütterte sie reichlich, auch die Hühner bekamen eine große Portion, und dann gingen wir ins Haus, und Großmutter sagte: »Jetzt ßein mir uns nit mehr zahaus.« Sie sperrte die Tür zu, und an jenem Abend zündeten wir kein Licht an und legten uns im Dunkeln schlafen.

Es war noch Nacht, als die Zipser zum Bahnhof marschierten, man hörte kleine Kinder plärren, weil sie geweckt worden waren, Männer riefen nach ihren Frauen, Großmutter aber stand hinter dem Vorhang des kleinen Gassenfensters und guckte vorsichtig hinaus, so, daß niemand sie bemerken konnte, und wahrscheinlich dachte man, wir sind schon weg, nach einiger Zeit aber sagte sie, und das hab ich nicht vergessen: »Uns ßein mir jetzt ka Volksdeitsche mehr.«

So gegen neun Uhr war es plötzlich eine große Stille im

Dorf. Auf der Straße gackerten herrenlose Hühner, ein Hahn krähte, ja, es gab viele Hunde, die hatte man nämlich freigelassen, und nun liefen ganze Horden durch die Gasse, sie spielten und freuten sich ihrer Freiheit, denn bis dann waren sie ja immer an der Kette gewesen, aber Menschen sah man keine mehr.

Großmutter holte nun aus der Kammer ein *Teppa* mit ranzigem Fett, das widerlich roch, vermischte es mit ein wenig süßem Paprika und machte so eine rote stinkige Paste, die sie mir ins Gesicht schmierte, ich sah aus wie die *Staraja*, die *schiechsti Hex* aus dem Tal, dann mußte ich mich wieder auf die Ofenbank legen, Großmutter aber holte eine Decke aus dem Stall, die auch nicht gut roch, und damit deckte sie mich zu. »Ka Wort ßollst nit redn, nix, gar nix! Hast verstanden?«

Gegen Abend schlug jemand an die Tür, daß es im ganzen Haus dröhnte, Großmutter wurde weiß wie die gekalkte Wand und zitterte, das konnte ich sehn, sie öffnete langsam, draußen standen drei Russen und fragten etwas auf russisch, Großmutter antwortete in ihrer Sprache, dann traten sie in die Küche, und einer fragte: Kto eto? Worauf Großmutter sagte: »Ona bolen bolen, otschen bolen«,* naja, der Gestank, mein rotes Gesicht, der Russe kam nicht näher, sicher hatte er Angst, sich irgendeine unbekannte Krankheit zu holen. Sie gingen dann hinaus, stöberten im Hof herum, sahen den Hühnerstall und bedienten sich, sie *kragelten* die Tiere gleich, das heißt, sie hackten ihnen mit der Axt die Köpfe ab, ich weiß nicht, wieviel Hühner sie damals mitgehn ließen, aber die Schweine schliefen schon, die hatten viel gefressen und gaben keinen Laut von sich, und so wurden sie nicht entdeckt. Am nächsten Tag kamen sie wieder und holten noch einmal Hühner, und nach dem dritten Besuch gab es keine Hühner mehr, aber nun hatten sie die beiden Schweine bemerkt, denn das eine hatte im Schlaf

* »Sie ist krank, sehr krank.«

gegrunzt, sie trieben sie durch die *Litzntier* hinaus auf die Gasse, und Großmutter hockte in der Küche und schluchzte, denn jetzt waren wir arme Leut, ohne Hühner, ohne Schweine, und der Winter stand vor der Tür.

Die Russen sind aber dann bald weitergezogen, und fast ein Jahr lang waren wir die einzigen Einwohner in der Hintergasse. In der Nacht trieb sich in der Gegend allerlei Volk herum, *wildi Leit,* sagte Großmutter, und oft hörte man es krachen, wenn ein Zipser Haus aufgebrochen wurde. Die Einbrecher verluden das, was ihnen wertvoll schien, auf Pferdewägen und schafften es fort, und am Morgen sahen wir dann, daß beim einen oder anderen Nachbarn sogar die Fenster ausgehängt worden waren, oft aber hatte man noch Hausrat im Hof oder auf der Gasse liegenlassen, es sah traurig aus, zerbrochenes Geschirr, aufgeschlitzte Pölster, aus denen die Daunenfedern herausquollen, alte Kleidungsstücke, alles mögliche lag da so herum, und dazwischen streunten die Hunde, bellten, balgten sich, und die meisten sahen sehr elend aus, sie hatten alle irgendwo einen Unterschlupf, aber zu fressen bekamen sie nichts, weil ja außer uns niemand mehr da war, und wir konnten nicht zwanzig, dreißig Hunde füttern, denn wir hatten ja nur noch hauptsächlich *Palukesmehl* und *Krumpirn.*

Einmal besuchte uns eine Rußnakin, die oben im Tal, in Neuwetz wohnte, Großmutter kannte sie noch aus der Zeit vor dem Krieg, und ich erinnerte mich, daß sie schon einige Male bei uns gewesen war, früher hatten die beiden Frauen immer zipserisch gesprochen, doch jetzt sprachen sie rußnakisch, und diese Ewdochia, ich glaub, so hieß sie, hatte uns einen Korb mit Eiern mitgebracht, und dann saß sie etwa eine Stunde da und erzählte, was oben im Tal geschehn war, doch ich verstand kein Wort, denn ich konnte weder rußnakisch noch russisch, ich hatte in der Schule ungarisch und deutsch gelernt, und mit Großmutter hatte ich immer zipserisch gesprochen.

Als die Ewdochia wieder gegangen war, sagte Großmutter, daß ich von jetzt an kein Wort mehr reden darf, »kannst losn, aber redn nit«, denn wir sind jetzt Rußnaken, wie die andern Leut, Walachen können wir nicht sein, meinte noch Großmutter, es wäre jetzt natürlich besser, wenn wir Walachen wären, aber das geht nicht, denn schließlich heißen wir Rosnitschuk, das ist ein Name, der rußnakisch klingt. »Uns ßein mir ßich jetzt keine Zipser mehr?« fragte ich neugierig.

»Nein«, sagte Großmutter barsch, »uns ßein mir ßich Rußnatschki, pis mir werdn ßegn, was kummt.« Und dabei blieb es, wenn ich was zu sagen hatte, ging ich ins Haus und flüsterte es Großmutter ins Ohr, sonst sprach ich kein Wort, und nur Großmutter sagte dieses und jenes laut auf rußnakisch, sollten die Fremden hören, die fremden Räuber, die damals immer wieder leerstehende deutsche Häuser durchsuchten und noch dieses und jenes mitnahmen, was andere zurückgelassen hatten.

Die *wildn Leit,* sagte Großmutter, sind polackische Partisanen, und das hatte ihr die Ewdochia erzählt, die haben oben in Schradenthal, wo mehr Ruthenen wohnen, ein Gehöft überfallen, das einem Zipser gehörte, ihm haben sie die Füß an die Brunnenkette gebunden und mit dem Kopf nach unten hinuntergelassen, als er abgesoffen war, haben sie ihn heraufgeholt und den Schweinen hingeworfen, nach einigen Tagen haben die ihn dann angefressen, die Frau aber haben sie *bespottet* und durch einen *Trachtr Schnaps in die Pixn fillt,* sie hat geschrien wie bei einer Geburt, man hat es bis zur Bahnstation gehört, die Kinder aber sind in den Wald gelaufen, die hat man nicht fangen können, und gesehn hat sie auch niemand mehr, wer weiß, was aus ihnen geworden ist. Einige Ruthenen sind dann zum Gehöft gegangen und haben die Leut hinten im Garten begraben.

Vor den Russen hat man sich damals nicht mehr gefürchtet, das muß ich sagen, die Russen sind durchgezogen, sie haben geplündert, in Borscha, Pfefferfeld und Oberwischau, uns haben sie die Hühner und die beiden

Schweine weggenommen, sie haben auch viele Frauen *bespottet,* meistens Rutheninnen, die Deutschen waren ja geflüchtet, das dauerte so zwei Tage ... Dann aber kamen die polackischen Partisanen von oben aus den Wäldern, das waren die *wildn Leit,* und vor denen fürchteten sich alle Bewohner im Tal, Ruthenen und Rumänen, denn die suchten nach Deutschen und Faschisten, und weil es keine Deutschen mehr gab, nahmen sie sich die Rußnaken vor und sagten, diese haben mit den Deutschen gehalten, sie sind auch Faschisten gewesen, und dann haben sie alle Ukrainer, die bei der Wehrmacht gearbeitet hatten, erschossen, und ihre Frauen haben sie auch *bespottet.* Den Popjuk und den andern, wie hat der nur geheißen, der Michailtschuk, na, die beiden waren bei der SS gewesen, und die hatte man nach Haus geschickt, der Popjuk war ohne ein Bein geblieben, und der Michailtschuk, ja, der war auf dem rechten Aug blind, das hab ich aber alles später erfahren, von meinem ersten Mann, der auch bei der Waffen-SS gewesen war, diese beiden, Popjuk und Michailtschuk, haben die Partisanen oben in Balmenthal gefangen und gefesselt, und mit einem *Trachtr* haben sie ihnen soviel Jauch in den Mund gefüllt, bis sie dran erstickt sind.

Ja, sowas ist hier im Tal geschehn ... und wenn jemand vor dem Krieg gesagt hätte, das ist möglich, man schüttet einer Frau doppeltgebrannten Schnaps dort hinein oder man schüttet zwei Kriegsinvaliden Jauch in den Mund, ja dann hätte jeder gedacht, sowas ist nicht möglich, denn nicht einmal der *Fondi,* nicht einmal der *rodi Tajbu,* das ist der schlechteste von den Teufeln, die es gibt, das ist der Teufel, den der *Fondi* ausschickt, daß er die unschuldigen Kinder verführt, ja, nicht einmal der *rodi Tajbu* möcht sowas machen, denn das ist mehr als teuflisch, das ist so, daß ich *hab ka Worte nit,* um zu sagen, wie es ist.

Aber es ist wirklich geschehn, und die das gemacht haben, waren Menschen, waren Leut, was sind geboren worden von einer Mutter, Leut, was waren einmal unschuldige Kinder, und später, im Krieg, was haben sie dann nicht alles gemacht?! Ich bin eine einfache Frau, und vielleicht darum kann ich das nicht verstehn, ich kann nicht verstehn, warum hat man die Juden wegführt nach Auschwitz, ich kann nicht verstehn, warum hat man unschuldige Leut so unmöglich gequält... Aber heut spricht man nicht mehr darüber, die Juden sind fortgezogen, vergessen, die Zipser wandern aus *auf Taitschland*, und eines Tages wird sich niemand mehr an sie erinnern, und niemand wird mehr ein Wort sagen über den Krieg, der bis hierher in dieses stille, friedliche Tal gekommen ist und der alles so verändert hat, daß man nachher sich nicht mehr zurechtfinden konnte.

Im Herbst 1945 kehrten die ersten Zipser Familien von der Flucht zurück, darunter waren auch einige aus unserer Gasse, na, die Leut sahn aus wie die teure Zeit, schmutzig, zerrissen, ausgehungert, viele kamen von Sigeth zu Fuß oder mit einem Wagen, das sind so siebzig Kilometer, die Kinder standen da, sprachen kein Wort, spielten nicht, niemand lachte mehr, die Häuser waren von Einbrechern ausgeräumt worden, es fehlten Türen und Fenster, ja, bei manchen war sogar das Dach eingestürzt, weil jemand das Gebälk weggetragen hatte, aber man beschaffte sich Werkzeuge, begann zu reparieren, Tag und Nacht wurde gehämmert und gesägt, und als der Winter kam, ein sehr schwerer Winter, denn manchmal stand der Schnee auf der Gasse zwei Meter hoch, hatten die Leut wenigstens eine warme Stube, wenn es auch nichts zu essen gab, aber Brennholz fand man noch genug. Damals und im Jahr 1946 haben wir nichts anders als *Tockan*, *Palukes* mit *Krumpirn*, gegessen, ohne Käs, ohne Eier, ohne Milch, ohne nichts, und wir waren froh, daß wir nicht hungern mußten, denn es gab Leut, die gingen nach Unterwischau arbeiten und bekamen für einen ganzen Tag als Lohn ein Kilo Maismehl, und auch die waren froh, denn sonst wären ihre Familien verhungert.

Ich glaub, es war im Frühjahr 1946, so genau kann ich

das nicht mehr sagen, und das heißt, daß mich dieses Ereignis kaum beeindruckt hat, damals erhielt Großmutter einen Brief, der war lang unterwegs gewesen, und diesen Brief hatte Mutter aus Budapest geschrieben. So erfuhr ich, daß mein Vater 1944 an einem Herzanfall gestorben war, Mutter erkundigte sich dann nach mir und schrieb, daß sie nach der Flucht aus Siebenbürgen mit meiner Schwester Resi in Ungarn bleiben wird. So Gott es will, hieß es weiter, werden wir uns einmal wiedersehn ... Da mußte ich heulen, denn ich hatte im stillen sehr gehofft, daß ich eines Tages doch wieder mit Mutter und Resi zusammenwohnen kann, ja, ich hatte mir sehr gewünscht, wieder in Klausenburg zu sein, ich wollte nur weg aus diesem verlassenen Dorf, wo jeder jeden kannte und den andern neugierig und mißtrauisch beobachtete, und diese einzige Hoffnung, eines Tages nicht mehr das arme Kind, das *Mansr* zu sein, diese Hoffnung, an die ich mich verzweifelt geklammert hatte, war nun endgültig dahin.

Es war im Frühjahr 1947, und da schneite es Ende Mai zwei Tage lang, es war ein nasser und sehr schwerer Schnee, der in großen Flocken vom Himmel fiel, und ich mußte ihn immer wieder rings um das Haus wegschaufeln, damit die Feuchtigkeit sich nicht in die Wände einläßt, es war eine sehr schwere Arbeit, denn der Schnee pickte an der Schaufel fest und kam nur schwer los. Am dritten Tag schien die Sonne, und wir waren froh, daß nun der viele Schnee wegtaute, nur auf einmal krachte es am Dachboden, unser Haus wackelte wie bei einem Erdbeben, wir liefen in den Hof und sahen, daß der Schnee ein Teil vom Dach eingedrückt hatte. Großmutter jammerte: »Wer macht mir a neiches Dachl heint, wu niemand ka Zeit nit hat!« Aber dann versuchten wir selbst, die Risse und Ritzen mit Fetzen und Stücken von Teerpappe notdürftig zu verschließen, so, daß es nicht hereinregnete, und ich bin dann noch einige Male auf den Dachboden gestiegen und hab dort, wo es tropfte, ein *Reindl* oder auch einen *Ampr* hinstellen müssen.

An einem Tag im Juni, als auch hier oben in den Bergen die Bäume blühten und die Leut sich auf den Sommer freuten, holte Großmutter eines Tages einen Mann, der das Dach reparieren sollte. Der sah sehr gut aus, er war groß gewachsen, was mir immer schon bei Männern sehr gefiel, denn ich war klein und hatte von der schweren Feldarbeit ein wenig krumme Beine bekommen, ja, dieser Mann gab mir die Hand und sagte: »I pin ter Rodi Seppi, hast vun mir schon geheert?«

Ich verneinte.

»Na macht nix«, lachte er, »macht nix, und tu wie heißt?«

Bevor ich aber antworten konnte, sagte Großmutter: »Seppi, pist kummen machn tas Dachl, gelt, nit spaßn, nit gratschln, gelt?«

Ich war damals sechzehn, und dieser Seppi, er hieß mit dem richtigen Namen Josef Faltitschka, war fünfunddreißig, das erfuhr ich aber später, mir gefiel seine freundliche Art, er machte oft Späße, auch mit Großmutter, die aber nie zum Spaßen aufgelegt war, und er lobte mich, wie fleißig ich bin, »a spitziges Marl«, sagte er einmal, was bis dann noch nie jemand über mich gesagt hatte, und ich freute mich jeden Morgen, daß dieser Seppi kam, und wenn er oben am Dach arbeitete, machte ich mir im Hof zu schaffen, so daß er mich sehn konnte. Ja, wie soll ich das sagen, bis dahin hatte ich vor allen Männern eine furchtbare Angst gehabt, ich habe die Männer gemieden wie der Teufel die Kirche, das ist so eine Redensart bei uns, und die Männer, die sich an mich herangemacht hatten, mein Vater, der eigentlich mein Stiefvater war, der Joku, und dann der andere Seppi, zu dem mich Großmutter geführt hatte, diese Männer hab ich gehaßt, und andere hab ich nicht näher gekannt, das heißt, ich wußte eigentlich nicht, wie die andern Männer so sind, wie sie mit ihren Frauen umgehn, ich wußte aber, daß viele Männer ihre Frauen verprügelten, ich hatte oft die Frau eines Nachbarn schrein gehört, wenn er abends betrunken nach Haus kam, und Großmutter sagte dann manchmal: »Ter paßoffene Schwein!« Aber ich wußte nicht, ob ein Mann auch wirklich lieb sein kann zu einer Frau, oder ob sie nur kuschen muß, ob sie alles so hinzunehmen hat, was das Leben ihr beschert, wie meine arme Mutter, wie Großmutter, wie die andern Zipserinnen, ja, damals, im Juni 1947 war ich noch nicht meiner früheren Schulkollegin Judith begegnet. In meinem Leben gab es jetzt außer den drei bisherigen Männern nur diesen Rodn Seppi, der so hieß, weil er rotes krauses Haar hatte, das er gescheitelt trug und der mich mit seinen lustigen blauen Augen ansah, daß es mir heiß den Rücken herunterlief und ich zu zittern begann, freilich nicht so, wie damals, wenn sich mir Vater näherte, es war ein anderes Zittern, ich hatte keine Angst vor diesem Seppi, aber ein bißchen mißtrauisch war ich schon, denn auch Onkel Joku war ja zuerst immer so freundlich gewesen, und dann auf einmal hatte er mich *bespottet*, und das im Hühnerstall, mein Gott, auch jetzt noch packte mich die Wut, wenn ich daran dachte, aber das lag eigentlich schon weit zurück, und ich konnte mir nicht vorstellen, daß dieser Seppi mich *pukken* würde wie ein Hahn, dazu schien er doch aus anderm Holz, ja, aus anderm Holz, er war aus anderm Holz geschnitzt, das sagte man bei uns, denn in Oberwischau gab es viele Holzschnitzler, dieser Seppi war aus einem besondern Holz.

Einmal fragte er mich, ob ich keine Eltern hab und warum ich bei meiner Großmutter wohn, und da hab ich ihm schnell erzählt, wie das mit mir ist und warum ich so arm bin und niemanden hab, denn Großmutter war gerad bis ins *Gwelb* gegangen, und ich stand auf dem *Ssaal* und sah immer die Gasse hinunter, während ich mit dem Seppi sprach, und als ich sie vom Gräntje ums Eck kommen sah, brachen wir sofort unser Gespräch ab, ich ging in den Garten, das junge Gras mähen, und er stieg aufs Dach. Aber von dem Tag an hatten wir beide, Seppi und ich, ein Geheimnis, ich hatte ihm mein Leid erzählt, nicht geklagt, denn dazu war ich zu stolz, klagen und weinen, das taten die alten Weiber, ich aber war jung, und ich schämte mich nicht, daß ich so arm war und immer noch keine Schuh hatte und ein altes, geflicktes *Kleirl* tragen mußte, ich schämte mich nicht, denn Armut war damals *ka Schand nit,* weil alle Leut arm waren, der Krieg hatte sie alle ausgeraubt.

Seppi hatte das Dach repariert, und Großmutter hatte sich bedankt, an bezahlen dachte damals niemand, denn niemand hatte Geld, im *Gwelb* tauschte man *Krumpirn* für Petroleum ein, oder für eine Schachtel *Zindhelzerl* gab man zwei Hühnereier, freilich, wer wieder Hühner im Hof hatte, Seppi kam also nicht mehr zu uns, und das bedauerte ich sehr, denn jetzt mußte ich wieder allein von in der Früh um vier bis am Abend um sieben arbeiten, und so verging etwa eine Woche.

Dann, es war an einem Sonntag, die Glocken läuteten nach der Hauptmesse, da stand plötzlich der Seppi im Hof, fein gekleidet, einen richtigen Anzug hatte er an, und auf dem Kopf trug er einen grünen Hut mit einer *Matjaschfeder,* er sah wie ein Herr aus, und mir schlug das Herz bis zum Hals, ich konnte kaum seinen Gruß erwidern, so aufgeregt war ich. Er fragte nach Großmutter, die sehr erstaunt war, denn auch sie hatte diesen Besuch nicht erwartet, dann legte er ein *Packl* auf den Tisch und sagte, ich soll es öffnen. »Was is drin?« fragte ich.

»Machs auf und ßig nach!«

Mit zitternden Fingern knüpfte ich den braunen Bindfaden auf, und als ich das grobe Packpapier auseinander machte, waren zwei neue schwarze Schuh drin. »Schuch?« fragte ich.

»Ja, Schuch fier tich!« sagte Seppi.

Ich wagte nicht, sie anzufassen, denn so schöne schwarze glänzende Schuh hatte ich noch nie gesehn, und ich war damals sechzehn Jahre und neun Monate alt.

Großmutter aber sagte böse: »Far wos praucht tie Schuch, is ßie a Städtischi, a Herrischi, far wos praucht tie Schuch?!«

Seppi überhörte diese Frage. »Zick ßie an!« ermunterte er mich, »na, zick ßie an!«

»I hab ja ka Strimpf nit«, mußte ich nun sagen, und ich schämte mich ein wenig, denn ich hatte tatsächlich keine richtigen Strümpfe.

»Zick ßie ohne tie Strimpf an, na!« sagte Seppi. »Werdn mir kaufn Strimpf.«

Ich versuchte, die Schuh anzuziehn, sie waren mir richtig, und sie drückten nicht, so wie meine alten Schuh, die ich aus Klausenburg mitgebracht hatte, ja, ich fühlte mich sehr gut in diesen Schuhn, und ich machte ein paar Schritte, es war ein ganz neues Gefühl, ich ging wieder in richtigen Schuhn, nach so vielen Jahren, denn seitdem ich in Oberwischau war, hatte ich immer nur im Winter die schweren globigen *Botschkor* getragen, und vom vielen Barfußgehn waren meine Fußsohlen hart wie Leder geworden.

»I weiß nit, was ßoll i mit tie Schuch?« fragte ich, denn ich konnte mir nicht erklären, warum der Seppi mir plötzlich ein Paar neue Schuh gebracht hatte.

»Ssollst ßie anziegn, wann mir heiradn!« lachte er, während Großmutter ihn mit zusammengekniffenen Augen anstarrte, als wäre er nicht ganz bei Trost. »Na, heiradst ten Seppi?« fragte er.

Ich war sprachlos, ich konnte kein Wort hervorbringen, und ich dachte, das Ganze wäre nur ein Traum, ein schöner Traum, denn bis jetzt war mir nie in den Sinn gekommen, daß mich eines Tages ein Mann heiraten würde. Auf einmal aber begann Großmutter laut zu lachen, und sie lachte so heftig, daß sie sich an die Wand lehnen mußte, sie lachte buchstäblich Tränen, und als sie sich ein wenig beruhigt hatte, sagte sie, immer noch lachend: »Is a kudr Spaß, ter Seppi heirad tie Annku«, und dann begann sie wieder zu lachen und hielt sich dabei den Bauch, und ich muß sagen, daß Großmutter bis dann niemals gelacht hatte, und darum war ich starr vor Schreck, ja, ich dachte, die hat vielleicht den Verstand verloren, die ist übergeschnappt, denn Großmutter lacht doch nicht, die ist immer nur ernst und manchmal auch bös. Aber diesmal lachte sie wirklich, und als sie schließlich nicht mehr weiterlachen konnte, sagte Seppi sehr ernst, daß er mich wirklich heiraten will, natürlich nur, wenn ich möcht. »Wann ßie mich nehmen mecht«, sagte er.

Auch das war für mich ganz neu, ein Mann fragte mich, ob ich ihn nehmen möcht, ich war unsicher, was sagt man nun, sagt man ja, nickt man mit dem Kopf, oder muß man gar nichts sagen, ich wußte tatsächlich nicht, wie ich mich verhalten soll, denn bis dann hatten schon drei Männer nach mir gegriffen, mich nehmen wollen, wenn man so sagen kann, aber keiner hatte auch nur im entferntesten daran gedacht, mich vorher zu fragen, ob ich ihn haben will, ob vielleicht auch ich einen Wunsch hab, eine Meinung, nie hatte mich jemand nach meiner Meinung gefragt, ich war da wie *a Tepfl,* das man nimmt, draus trinkt und es wieder wegstellt, wer denkt schon daran, ein *Tepfl* zu fragen, ob es benutzt werden will?

»Na, was ßagst, Annku?« fragte Seppi, und Großmutter ging hinaus in den Hof, und draußen begann sie wieder zu lachen, aber nicht so laut wie vorher in der Küche.

»I weiß nit, ob i kann ßein tie Teinigi«, erwiderte ich, weil ich plötzlich so eine Art Angst bekam, denn es fiel mir ein, daß man als verheiratete Frau mit dem Mann das machen muß, wozu mich Joku gezwungen hatte, und wenn ich an die Liebkosungen meines Vaters dachte, an seine Küsse auf den Mund, dann wurde es mir richtig übel, dann aber überlegte ich, daß ein Kuß von diesem Seppi doch etwas anders wäre, sicher was anders, denn der hatte so schöne weiße Zähne, und er hatte auch keinen Schnurrbart, der ekelhaft säuerlich roch, ja, was sollte ich sagen, im Hof hörte ich Großmutter »puj, puj, puj« rufen, sie fütterte die Hühner, und hier saß der Seppi und sah mich lächelnd an, während ich in den neuen Schuhen vor ihm stand.

»I will probiern«, sagte ich schließlich.

»Ja«, lachte er, »probiern mir amol, wie is, wann mir ßein Mann und Frau!« Als Großmutter hereinkam, meinte sie: »Seppi, pist a ausschlogner«, mehr sagte sie nicht.

Am 18. Oktober 1947 hab ich den Josef Faltitschka geheiratet, er war gelernter Zimmermaler, aber er war auch Schreiner, Tischler, Dachdecker und Maurer, das heißt, eigentlich konnte er alles, ein fleißiger Mann, der selten ein Gläschen Schnaps trank, obwohl er Zimmermaler war, und die sind ja meistens ganz große *Ssaufhansl,* ein guter Mann, denn er hat mich nie geschlagen, ja, das muß ich sagen, er hat mich nie geschlagen, auch wenn er bös war, nicht, so einer war der Rodi Seppi.

Hochzeit haben wir nicht so gefeiert, wie heut die jungen Leut, mit hundert oder zweihundert Gästen, mit einer Blaskapelle, von Mittag bis Abend, und dann weiter bis am nächsten Morgen, das gab es damals nicht, die Zeiten waren schwer, die Leut arm, aber gefeiert haben wir trotzdem, nicht bei Großmutter, sondern bei ihm, er wohnte allein in einem kleinen Haus, in der Weintalergasse, das hatte er von seinen Eltern geerbt, und die waren beide auf der Flucht gestorben, ja, der Seppi hatte auch einen Bruder, Emmerich, doch der wohnte im Haus seiner Frau.

Wir haben im Hof einen Tisch aufgestellt, es war am 18. Oktober, aber wir hatten einen warmen Herbst, und als wir nach der Trauung aus der Kirche kamen, schien die Sonne, und die Blätter der Bäume waren bunt, es sah sehr schön aus, denn Seppi sagte, und das hab ich nicht vergessen: »Ssickst, ter Herbst hat fier tich alli Peimr anfärbt.« Dann hat er auf dem Heimweg geschimpft, er war bös auf den Pfarrer, Martin Tempfli, ein Sathmarschwab, der die Trauung auf ungarisch gemacht hatte und kein deutsches Wort, nicht einmal ein deutsches Vaterunser sprechen wollte, obwohl wir beide Deutsche waren und ihn gebeten hatten, deutsch zu sprechen. »Fluchtr Madjaron«, sagte Seppi, »vor fimf Jahr hat er mit peidi Händ Heil Hitler grießt, und jetzt weiß er ka teitsches Wort nit ßagn.«

Ich beruhigte ihn, mir war es völlig gleichgültig, ob der Pfarrer deutsch oder ungarisch gepredigt hatte, das einzige, was zählte, war die große Freude, einen Mann zu haben, eine verheiratete Frau zu sein, nicht mehr bei Großmutter die Magd spielen zu müssen, einen eigenen Hof zu haben, vielleicht auch eines Tages Kinder zu kriegen, das alles machte mich so froh, daß ich hätte schreien können vor Glück. Ja, ich hatte auch Mutter geschrieben, doch keine Antwort erhalten, und sie wär auch nicht zur Hochzeit gekommen, denn damals konnte man nicht so einfach von Ungarn nach Rumänien reisen wie heut.

Wir hatten also im Hof einen Tisch aufgestellt, und außer Großmutter waren noch elf Gäste eingeladen worden, wir waren also vierzehn, eine kleine Gesellschaft, Musik gab es aber keine, denn die Radios waren alle gestohlen worden, und die Zipser Blaskapelle »Edelweiß« wurde erst viel später gegründet, doch die Leut konnten singen, und so wurde gesungen, und wir tanzten im Hof zu unseren eigenen *Ssangln,* und das war auch sehr lustig und schön.

Zu Essen gab es eine Hühnersuppe mit richtigem Hühnerfleisch, und das Huhn hatte der Seppi von einem Rumänen aus Unterwischau bekommen, und dafür hatte er ihm die Scheune repariert. Als zweiten Gang gab es für jeden ein Stück Schweinefleisch und dazu *pradeni Krumpirn,* außerdem *ßauri Gurkn,* und das Schweinefleisch hatte der Seppi von einem Juden bekommen, der es wiederum von einem russischen Offizier erhalten hatte, und dem Offizier hatte der Jud ein geblümtes rotes *Haapttichl* gegeben, das *Tichl* war für eine kleine Rußnatschka bestimmt. Nun, der Jud aß kein Schweinefleisch, aber er wagte es nicht, das Fleisch zurückzuweisen, denn wer weiß, ob dann der Russe sich nicht beleidigt hätte, so nahm er das Fleisch und gab es dem Seppi, und der Seppi spaltete ihm dafür eine Klafter Holz. Der Jud hieß übrigens Samuel Vogel, und man nannte ihn Foigl-Schamu, er ist dann ein, zwei Jahre später *auf Israel gezogen.* Als dritten Gang und Nachtisch hatte eine Tante vom Seppi, die Lenku Wrabl, nach dem zweiten Mann heißt sie jetzt Stadtler, einen großen *Nussnstrudl* gemacht. Das Mehl hatte Seppi auch von einem Juden, dem Landauer Aaron-Batschi, beschafft, seine Familie war in Auschwitz gestorben, und er lebte allein und hatte ein kleines *Gwelb* in der Maramroscher Gasse, fürs Mehl hatte Seppi ihm einen neuen Gartenzaun aufgestellt, und für das Streichen bekam er dann nach einem Monat noch ein Kilo Mehl dazu. Die Nüsse aber, die haben wir selbst gesammelt, wir sind hinauf auf die Berge gegangen, und überall, wo ein wilder Nußbaum stand, haben wir mit Stöcken so lang *droschen,* bis wir schließlich einen ganzen Sack voll hatten, und dann hab ich sie geknackt und getrocknet, denn sonst hätte man sie für den Strudl nicht mahlen können. Bekanntlich trinken die Zipser keinen Wein, sondern nur Bier und *Roches,* das heißt doppeltgebrannten Schnaps, und solchen, *stark Rochn,* hatte Seppi beschafft, ich glaub, drei oder vier Flaschen waren es, und auch der Schnaps war von einem Juden, aber dafür hatte er ihm das Dach mit neuen *Dranitzn eindeckt,* keine leichte Arbeit, ich glaub, er hat eine Woche dafür gearbeitet, doch eine Hochzeit ohne Schnaps wär keine richtige Hochzeit gewesen, und als ich das erstemal in meinem Leben ein Gläschen *Roches* trank, bekam ich zuerst keine Luft mehr, ich schnappte wie ein Fisch am Trockenen, ich konnte kein Wort hervorbringen, und alle lachten, und ein Freund vom Seppi rief: »Ssickst, Annku, amol is ßes tas erschtemal«, und dann lachten sie wieder, und ich mußte mich setzen, weil es mir so im Hals brannte.

Ja, einmal ist es das erstemal, hatte der Stoffl gesagt, er hieß Christof Kraftschik und war von Beruf Dachdecker, und in jener Nacht sollte es dann das erstemal mit dem

Seppi sein, und als gegen Morgen die Leut sich verabschiedeten, wir hatten den Tisch inzwischen ins Haus getragen, und im Hof wurde nur noch getanzt, als wir plötzlich allein waren, Seppi und ich, da überfiel mich eine große Angst, denn jetzt mußte ich ja seine Frau werden, und vor dieser Sache fürchtete ich mich, ich zitterte nur beim Gedanken, daß es passieren muß, und ich wäre am liebsten davongelaufen, aber wohin hätte ich laufen sollen? Zurück zu Großmutter? Nein, um nichts in der Welt! Und so dachte ich, er tut mir vielleicht nichts, wenn ich sag, daß ich sehr müd bin, aber sollte ich jetzt, in der ersten Nacht meinen Mann schon anlügen? Vielleicht ging er dann zu einer andern, die sich ohne zu zögern mit ihm hinlegte, schließlich gab es ja genug Witwen und Frauen, deren Männer in Kriegsgefangenschaft waren, und warteten nur auf eine Gelegenheit, um sich von einem gutaussehenden Mann wie der Seppi *trauf ziegn* zu lassen, ja, *Kurwen* gab es genug im Tal, ältere, junge, ja, auch vierzehnjährige Mädchen trieben es schon oben am Berg.

Ich hab dies niemandem erzählt, aber dir werd ich es sagen, denn sonst ist die Geschichte nicht vollständig.

Seppi hatte in der *Kuchl* Feuer gemacht, er nahm heißes Wasser aus einem Topf und schüttete davon ins *Lawor*, dann wusch er sich den Oberkörper und auch die Füße. Nachher spülte er das *Lawor* aus, füllte für mich warmes Wasser ein und sagte, ich kann mich jetzt auch waschen, doch er sah mir dabei nicht zu, wie einst mein Vater, sondern ging hinüber ins Zimmer, wo er das Bett richtete.

Ich wusch mich und hoffte, daß er schon schläft, wenn ich ins Zimmer komm, doch als ich die Tür öffnete, lag er wach da und lachte, na, mir kam es gar nicht zum Lachen, ich zwang mir ein Lächeln ab, denn eine Braut darf ja nicht bös aussehn, wenn sie zum erstenmal zu ihrem Mann ins Bett steigt, das heißt, jetzt war ich ja keine Braut mehr, denn den Brautschleier hatten mir die verheirateten Frauen vor dem Weggehn abgenommen. Ich fror und zitterte vor Aufregung, und ich wußte nicht, wie ich mich verhalten soll, und als er mich zu sich herunterzog, begann ich zu weinen, »i kann ßes nit machn«, er aber war sehr zärtlich zu mir, er strich mir übers Haar, er redete mir gut zu, »mußt ka Angstn nit habn«, sagte er, »tu pist jetzt mein Weib«, und ich antwortete schluchzend, daß ich weiß, was das heißt, und daß ich gern sein Weib sein will, aber er soll nur ein bißchen warten, nicht gleich soll es passieren, weil ich solche *Ängstn* hab, und da fragte er, wovor ich *Ängstn* hab, denn er hat mich ja sehr lieb, und er will mir nicht weh tun, und schließlich war es soweit: Ich wurde seine Frau!

Doch für mich war es eine Qual, ich hatte keine Schmerzen, nichts tat mir dabei weh, es war eigentlich gar nichts Besonders, aber es war dieses Gefühl von Ekel und Angst da, und das konnte ich nicht loswerden, und dabei mußte ich immer an meinen Vater denken, wie er versucht hatte, mir die Beine auseinanderzumachen, wie er mich dabei verletzt hatte, und an den Joku mußte ich denken, und neben mir lag mein Mann, Seppi, ein guter Mann, der mir schön zuredete, wie einem kranken Pferd, ich soll doch *tie Sseinigi* werden, und ich nahm die Qual auf mich, Liebe zu machen mit einem Mann, obwohl dieser Mann weder wie die andern roch, wie mein Vater und wie der alte Seppi, noch wie ein geiler Ziegenbock schnaufte, dieser Mann war anders als die andern, er war sauber und zärtlich, aber trotzdem empfand ich diese *erschti Lieb* wie ein Kreuz, das ich tragen mußte, weil das eben so ist: Die verheiratete Frau gehört dem Mann.

In der Hochzeitsnacht hab ich auch wieder an meinen Vater denken müssen, neben mir lag ein Mann, den ich wirklich liebte, ein Mann, der so gut zu mir war wie kein anderer, freilich, mit ihm schlafen, war für mich noch eine Qual, aber ich liebte ihn, ich liebte ihn trotzdem, denn er wollte mir ja nicht weh tun, er behandelte mich ja nicht wie *a Tepfl*, aus dem man trinkt und es dann wieder wegstellt, aber gleichzeitig mußte ich immer wieder, manchmal auch nur für einen Augenblick an meinen Vater denken, neben mir lag der Seppi, doch dahinter im Dunkeln stand mein Vater, und manchmal war es so, als würde ich seinen stechenden Blick spüren, seine schrägen Schlitzaugen sehn, und dieses Gefühl wurde ich lange Zeit nicht los, das Gefühl, daß der Vater in unserem Zimmer stand, wenn wir uns liebten. Doch nicht nur dann schien er in meiner Nähe zu sein, sondern auch nachts, denn immer wieder war er in meinen Träumen da und quälte mich, und manchmal träumte ich auch, daß er dem Seppi böse Dinge über mich erzählte und begann zu weinen und schrie: »Tes is nit wahr!« Aber dann wachte ich auf, und neben mir lag mein Mann und atmete ruhig, und dann dankte ich jedesmal Gott, daß alles nur ein Traum war.

Ich hab einige Male versucht, Seppi über meine Kindheit zu erzählen, aber er konnte mir nicht zuhören, er war abends immer sehr müd, und nachdem wir uns geliebt hatten, schlief er sofort ein, aber er schlief auch dann ein, wenn wir uns vorher nicht geliebt hatten, das Zuhören machte ihn müd, und wenn er dann schnarchte, dachte ich, es hat doch keinen Sinn, mit jemandem darüber zu sprechen, und so legte auch ich mich schlafen, aber dann kamen die Träume, und in den Träumen erschien wieder mein Vater und quälte mich, und ich konnte nichts dagegen tun, er war immer da, so, als würde er noch leben.

Aber sonst war ich glücklich.

Ich hatte zwei Söhne bekommen, ja, Gott war so gut zu mir gewesen und schenkte mir zwei Buben und kein Mädchen, denn ich hab soviel gebetet: »Nur ka Marl, nur ka Marl nit«, weil ich fürchtete, daß ein Mädchen noch einmal das erleben könnte, was meine Mutter erlebt hatte, freilich, ich hätte meine Tochter wegen einem *Mansr* nicht fortgejagt, ja, ich hätte sie auch nicht in eine fremde Stadt gebracht, die Zeiten waren nach dem Krieg anders geworden, doch nicht die Menschen, die waren immer noch die gleichen und die hätten mein Kind auf Schritt und Tritt verfolgt, und wer weiß, was ihm alles zugestoßen wäre, aber Gott hatte meine Bitte gehört und mir zwei Buben geschenkt, und darüber war ich sehr froh.

Es ging alles sehr gut, bis ich eines Tages hörte, daß die Ließku Volther, eine Witwe, etwa fünfundzwanzig Jahre alt, meinem Seppi nachstellte. Ja, was hätte ich tun sollen, ich war sicher, daß er sich bestimmt nicht mit dieser *Kurwe* einlassen würde, ja, die war wirklich eine *Kurwe,* das kannst du mir glauben, also, ich dachte nicht an Eifersucht, und das war gut, denn Seppi beachtete diese Ließku überhaupt nicht, obwohl sie sich immer wieder in unserer Gasse zu schaffen machte, und einmal wollte sie auch, er soll ihre Sommerküche ausmalen, aber er schickte einen Freund hin, und der pinselte wahrscheinlich auch an der Ließku ein bißchen herum, denn das wollte sie ja.

Als sie nun merkte, daß sie beim Seppi nichts erreichen kann, begann sie allerlei Dinge zu erzählen, über mich und den Joku, meinen Onkel. Ich war dem verfluchten Kerl immer wieder auf der Gass begegnet, ich konnte ihm nicht ausweichen, alle Wege führten durch die Gerade Gasse, die Hauptstraße, wo am Eck zum *Pergl* das *Peisl* stand, und dort traf man sich *zu a Glasrl und a Schwatz,* ich hab ihn dort gesehn, er hat mir mit der Hand gewinkt, hat auch »Servus, Annku« gerufen, »wuhin gehst? Was machst?« Dann hat er seinen *Ssaufkamrodn* irgend etwas über mich gesagt, aber ich hab weder seinen Gruß erwidert noch hab ich mit ihm ein Wort gesprochen, ich war jetzt eine verheiratete Frau, und ich wär froh gewesen, hätt ich ihn nie gekannt.

Eines Tages, der Seppi war gerade in Leordinen, wo er bei einer Rußnaken das ganze Haus ausmalen sollte, stand der Joku plötzlich in meiner *Kuchl,* ich hatte ihn nicht kommen gehört, die beiden Buben waren im Kindergarten, einen Hund hatten wir nicht, und das *Litzntierl* war wie immer offen. So hatte er sich in den Hof geschlichen, und bis in meine *Kuchl,* wo ich gerade mit dem

Nurlholz einen Teig auswalkte. Er stand da und sagte zuerst kein Wort, und auch ich war sprachlos, denn das hätte ich nie erwartet, daß dieser Kerl so einfach zu mir ins Haus kommt, noch dazu, wenn mein Mann den ganzen Tag in Leodinen ist, und es kam eine solche *gruße Gaal* in mir hoch, eine solche Wut, aber dann fing ich mich, und weil ich schon das *Nurlholz* in den Händen hielt, sagte ich: »Abr jetzt gehst hinaus, ßunst i schlag tir ein tas Haapt.«

Unwillkürlich machte er einen Schritt zurück, dann aber begann er zu lachen und rief, und da merkte ich, daß er getrunken hatte: »Joj, Annku, willst kummen in tie Temnitza auf Sigeth, turtn kummst, wann tu schlagst mich tot!« Und dann sagte er etwas leiser: »Gefallt tir tie wildi Lieb? Ssick, hier is awér, was mecht tich nemmen«, und dabei tat er so, als würde er seinen Hosenschlitz öffnen.

Nun reichte es mir aber, ich hob das *Nurlholz*, und ich hätt ihm, bei Gott, den Schädel zertrümmert, denn ich war völlig außer Sinnen vor angestauter Wut, jetzt kam das Schwein in meine *Kuchl* und machte mir hier Anträge, als würde ich nur auf ihn warten, ich schrie, er soll verschwinden, und ging auf ihn zu, ich hatte keine Angst mehr, es war mir alles gleich, und bei Gott, ich hätt ihn umgebracht, aber er sprang hinaus in den Hof, und während er mit raschen Schritten zum Tor ging, rief er mir lachend zu, als wär nichts geschehen: »Servus Annku, na, uns ßegn mir ßich noch!« Und dann war er verschwunden.

Ich aber mußte mich auf einen Stuhl setzen, ich zitterte am ganzen Leib, ich zitterte so wie damals, als ich ein kleines Mädchen war und mein Vater mich anfaßte, ich wollte mir ein Glas Schnaps einschenken, aber meine Hände flatterten vor Aufregung, und ich hängte mir einfach die Flasche an den Hals und nahm einen tiefen Trunk. Ich haßte den Schnaps, und ich war froh, daß mein Mann nicht trank, aber ich haßte auch diesen Joku, und unwillkürlich fiel mir ein, daß man *ten Fondi mit tem Tajbu austreibn muß,* das ist so eine Redensart, und so trank ich noch ein paar Mal Schnaps, um dies Erlebnis wegzuspülen, und als meine beiden Buben aus dem Kindergarten kamen, war ich ziemlich *rauschig,* aber sie bemerkten nichts, sie löffelten ihre Suppe, und am Nachmittag schliefen wir alle, und als am Abend Seppi nach Haus kam, müd und hungrig, stellte ich die *tichtige Hiehnerßuppn* auf den Tisch, und Seppi aß sich voll, und dann legte er sich sofort schlafen, und ich saß noch allein in der *Kuchl* und überdachte, was der Tag gebracht hatte. Es war ein böser Tag gewesen, und zum erstenmal regte sich in mir ein bißchen Angst, Angst vor der Zukunft, denn ich fürchtete das Gerede der Leut, ich fürchtete den Joku, und sein schmutziges Maul, ja, was soll ich sagen, ich fürchtete mich vor der Welt draußen, und wenn ich keine Familie gehabt hätte, wär ich nirgendwo mehr hingegangen. So aber mußte ich mal ins *Gwelb,* mal auf den Markt, mal in den Kindergarten, weil die Kleinen ein Fest vorbereiteten, beinahe täglich hatte ich wenigstens einen Weg ins Dorf, und dort lauerten die Leut, die über mich redeten, über mich und den Joku, denn er hatte, als er betrunken war, allerlei Dinge über mich zum besten gegeben, was das war, könnte ich nur vermuten, was Sicheres wußte ich nicht, aber ich merkte an den Gesichtern der alten Frauen, die mir auf der Gasse nachblickten, daß man über mich redete.

So verging einige Zeit, ich glaub, es waren vielleicht zwei Wochen, mehr nicht, da fragte mich eines Abends der Seppi, ob ich was mit dem Joku, mit meinem Onkel Joku, er betonte das Wort Onkel, und das traf mich besonders hart, gehabt hatte. Als ich darauf nicht gleich antwortete, weil ich so verwirrt war und weil sich mein Herz zusammenzog vor Schmerz wie ein schrumpliger Apfel, daß es nun soweit war, daß nun vielleicht mein Glück ein Ende hatte, sagte der Seppi noch: »Tie Leit redn, tu warst ßeini Gliebti, abr weißt, Annku, i glaub nit, was ter Schwein hat verzählt!«

Ich stand da, und ich wär gern auf der Stelle gestorben, kannst mir glauben, ich wär gern sofort tot gewesen, ich hätte meine Kinder zurückgelassen, zwei kleine Buben, Gott sei Dank, keine Mädchen, ich hätt zurückgelassen diesen Mann, der immer so gut zu mir gewesen war, ich hätte meinem ganzen Leben in dem Augenblick *a Eck machn kinnen,* wie man bei uns sagt, ich stand da, als wär ich ein Stück Stein, ich hatte kein Gefühl mehr im Leib, nur einen großen Schmerz, einen sehr großen Schmerz, denn ich spürte, daß etwas zerstört worden war, etwas, das mich so glücklich gemacht hatte, die *erschti Lieb,* ja, jetzt konnte ich so sagen, es war meine *erschti Lieb,* denn jetzt liebten wir uns, so wie man sich richtig liebt, und wenn mir nachts mein Vater im Traum erschien, so vergaß ich ihn wieder am Tag, wenn ich mit den Kindern zusammen war. Jetzt aber drohte dies alles hinab in eine tiefe Schlucht zu fallen, ich spürte das, und so wußte ich zuerst nicht, was ich sagen soll, und schließlich sagte ich, und ich konnte nicht anders, ich mußte lügen, ich sagte: »Is a Lugn, i hab nix macht mit tem Joku, i war an Anständigi, glaub mir, Seppi.«

Und da sah er mich mit soviel *Lieb im Gschau* an, ich hab den Blick nicht vergessen, es war, als würde plötzlich die Sonne in die *Kuchl* herein scheinen, und dann nahm er mich auf den Schoß und sagte viele leise liebe Worte zu mir, und ich mußte weinen – vor Angst, daß es eines Tages doch anders kommen könnte, als es heut gekommen war, und aus Wut, daß dieser Joku über Dinge geredet hatte, die nur er und ich wußten. Ja, es war Angst und Wut, die in mir steckten wie ein schwerer kalter Stein, und ich konnte nichts tun, um das alles loszuwerden, ich saß da und mußte warten, was mir das Leben bringt, und das Leben brachte mir kein Glück mehr, denn lang darf man nicht glücklich sein, ich hab das schon einmal gesagt, kaum bist du glücklich, freust dich auf was, schon bekommst eine *Tetschn,* und alles ist aus und vorbei.

In den nächsten Wochen hörte ich dann immer wieder,

was die Leut über mich sagten, und der meiste Klatsch kam von der Ließku Volther, die trotzdem noch hoffte, einmal den Seppi ins Bett zu kriegen, und dann war auch dem Treuterberger Mischka sein Weib, die Bebu, nach ihrem Vater hieß sie Schirotzky, ja, die hatte auch eine sehr *schichi Goschn*, und den ganzen Tag stand sie am *Pergl*, Ecke Berggasse vor dem *Peisl* und schwatzte, und gegen dieses Geschwätz konnte man nichts tun, es war wie der Nebel im Herbst, auch der dringt durch alle Ritzen, durch alle Kleider, und du spürst ihn sogar in den Knochen.

Eines Tages kam eine Nachbarin, die Witwe vom Ribl Franzi, der an der Ostfront gefallen war, jetzt hieß sie nach ihrem zweiten Mann Malitschuk, die Josefine, wir sagten ihr Pepi, und die erzählte mir, daß die alte Rußbacher-Näni an einem Abend hinten in unserem Garten den *Pesigolotsch* gesehn hat, na, ich wußte zuerst nicht genau, wer der *Pesigolotsch* ist, und so erklärte mir die Pepi, daß dies ein Höllenhund ist, ein großes *schieches* schwarzes Vieh, aus dessen *Goschn* Feuer herausschlägt, und wo er sich zeigt, da ist ein großer Sünder oder eine große Sünderin, und die Leut fragen sich jetzt, ob der Seppi *ter Fehler is* oder ob ich. Jeden Abend, *auf tie Nacht,* kann man den *Pesigolotsch* im Garten vom Seppi sehn, hatte die alte Rußbacher gesagt.

Mir war das neu, ich hatte bis dahin mit dem *Pesigolotsch* nichts zu tun gehabt, und wenn ich *ßindig* geworden war und Gott geärgert hatte, war das geschehn, ohne daß ich es wollte, der Joku hatte mich *bespottet,* und ich hab mich nicht wehren können, das mußte Gott wissen, und das wußte auch der Teufel, *ter Tajbu* oder *ter Fondi,* wie sie bei uns hießen, und warum hockte dann dieser verdammte *Pesigolotsch* in unserem Garten, was wollte er von mir, ich war doch unschuldig, ich war doch *nit ter Fehler.*

Es wurde soviel geredet, daß schließlich auch meine beiden Buben Angst bekamen, denn eines Abends sagte mir der größere, der Reinhold, daß heut, als sie vom Spielen nach Haus kamen, ein kleiner schwarzer Hund hinter ihnen hergelaufen ist, und als sie stehnblieben und das Tier streicheln wollten, hat die Walli-Näni, dem Franz Hudak sein Weib, über den Zaun gerufen: »Laß tas Hunderl, weil tas is ter klaani Tajbu, was mecht kummen zu eich!« Die Kinder waren ein wenig verschreckt und erzählten mir gleich, was sie gehört hatten.

Es war an einem Freitag, ich werd den Tag nicht vergessen, am 14. April, und in der Nacht hatte ich wieder sehr schlecht von meinem Vater geträumt, er war erschienen und hatte mir gesagt, daß ein *Mansr* kein Glück im Leben hat, ein *Mansr* muß büßen für die *wildi Lieb,* was seine Mutter gemacht hat, ja, in meinen Träumen sprach jetzt Vater oft zipserisch mit mir, und das traf mich besonders stark, denn so war er mir etwas nähergerückt, also, in der Nacht hatte ich vom Vater geträumt, und am Morgen, als ich um sechs in der Früh in den Hof ging, um den Hühnerstall zu öffnen, lag vor unserer Tür ein toter Vogel, es war ein schwarzer Vogel, vielleicht eine Dohle, ich nahm die Schneeschaufel und trug ihn nach hinten zum Misthaufen, wo ich ihn einscharrte, aber dadurch hatte ich selbst das Unglück zu unserem Haus gebracht, denn ein toter Vogel zeigt immer ein schweres Unglück an, doch das wußte ich damals noch nicht, ich dachte, wenn ich den schwarzen Vogel vergrab, ist alles erledigt, aber ich hätte ihn zusammen mit einem geweihten Stein in einen kleinen Sack stecken und in den Fluß werfen müssen. In so einem Fall benetzt man einen Stein mit Weihwasser, macht ein kleines Kreuzlein drauf und sagt: »Staan, Staan, nimm fort tas Unglick, nimm fort tie Kränk, nimm fort tem Tajbu ßeini Händ.« Aber woher sollte ich das wissen? Niemand hatte mich diese Dinge gelehrt, bei Großmutter mußte ich den ganzen Tag arbeiten, für Zaubersprüche, für *bereden* und solche Dinge war keine Zeit.

Ich ging also zurück ins Haus, machte Feuer im Herd,

wusch mir die Hände und bereitete das Essen vor, für die beiden Buben und den Seppi. Es war ein Tag wie jeder andere.

Am Abend kam der Seppi nach Hause, er zog seine Arbeitskleider aber nicht wie sonst aus, sondern ging gleich nach hinten in den Hof, um nach dem Schwein zu sehn, wie er sagte. Als er nach einiger Zeit nicht zurück war, fand ich ihn im Schopfen: Er hatte sich an einem Querbalken erhängt.

Zuerst konnte ich es nicht fassen, ich dachte, das ist ein Traum, und ich wollte aufwachen, ich schlug mir mit der Faust auf die Stirn, um aufzuwachen, aber diesmal gab es kein Aufwachen mehr, diesmal war alles wahr, war alles wirklich, und als ich das begriff, daß mein Seppi sich wirklich erhängt hatte, nahm ich ein Gartenmesser und schnitt ihn ab, und er fiel schwer auf die *Spandln,* das Kleinholz am Boden, schwer wie ein Sack, und dort blieb er liegen, und er war tot.

Ich ging in die *Kuchl,* meine beiden Buben saßen beim Tisch und aßen ihr Abendbrot, *pradeni Krumpirn mit Millich,* und davon hatte ich noch ein ganzes Backblech gemacht, für den Seppi, meine Buben aßen und schwatzten, wie das Kinder tun, und sie wußten noch nicht, daß ihr Vater tot war, und ich machte mir am Ofen zu schaffen, ich konnte es immer noch nicht fassen, daß mein Seppi im Schopfen lag, mit der Zunge draußen und verschwollnem Gesicht. Ich brachte die Kinder zu Bett, und dann ging ich zu Seppis Bruder, zum Emmerich, und sagte ihm, was geschehn war.

Als er dann am nächsten Tag im Sarg lag, konnte ich nicht weinen, ich hatte keine Tränen mehr, vielleicht hatte ich zuviel in meiner Kindheit geweint, ja, um ehrlich zu sein, *i hab nix mehr spiert,* ich war gefühllos geworden, und als ich den Seppi dort liegen sah, und die Kerzen flackerten, weil immer wieder welche Leut in die Stube kamen, um Abschied zu nehmen, da kam eine solche Wut in mir hoch, *a ßolchi scharfi Gaal,* daß ich ihm am liebsten eine *Tetschn* gegeben hätte, ja, ich hätte dem Toten gern eine heruntergehaun, denn wie konnte er auf das Gerede der Leut hören, auf das, was dieser Joku erzählt hatte und das, was die verschiedenen schlechten Weiber noch dazugetan hatten, wie konnte er deshalb sich aufhängen und uns drei einfach zurücklassen, seine beiden Buben, die ihn so stark liebten, mit denen er am Sonntag, wenn er frei war, spielte, und wie konnte er mich einfach stehn lassen, als Witwe mit fünfundzwanzig Jahren ...

Weil ich aber am Sarg meines Mannes nicht geweint hab, auch auf dem Begräbnis nicht, hatten die Leut wieder einen Grund, über mich zu reden, sie behaupteten jetzt, daß ich *wildi Lieb* mit dem *Tajbu* mach, und daß der *Tajbu auf tie Nacht* zu mir kommt und bei mir schläft, der *Pesigolotsch* aber oder andere schwarze Hunde, die sich in der Gegend herumtrieben, wären die Begleiter des *Tajbu,* sie würden wachen, damit uns niemand beim *Traufziegn* stört, ja, das redeten die Leut, aber mich störte es nicht mehr, mich ließ es kalt, ich hatte den Menschen verloren, dem ich alles verdankte, die Kinder und die paar glücklichen Jahre, und für mich war von dem Tag an, als man den Seppi hinab in die Erde ließ, eigentlich das Leben zu Ende, *tas Lebn hat ghabt fier mich a Eck,* sagt man auf zipserisch, und *a Eck* bedeutet, daß etwas zu Ende ist und nicht mehr weitergehn kann.

Nun, mein Leben ist weitergegangen, ich hatte ja noch meine zwei Buben, die mußte ich großziehn, und ich bin arbeiten gegangen als Putzfrau ins Spital, und ich hab auch noch einmal geheiratet, viele Jahre, nachdem Seppi mich verlassen hatte. Ich hab einen Mann geheiratet, der allein geblieben war, einen Witwer mit einem Holzfuß, ein anständiger Mann, der nichts von mir haben wollte als ein gutes Wort und ein gutes Essen, für alles andere war er schon zu alt. Als ich allein blieb, war ich fünfundzwanzig, und als ich den Bernhard Kulinyak heiratete, war ich schon zweiunddreißig, und er war fünfundsechzig, aber das spielte keine Rolle, ich hab nach dem Tod vom Seppi nie mehr einen Mann gehabt, es haben viele versucht, mich hinzukriegen, aber ich hab nicht wollen, und dabei blieb es, ich war *tie kaldi Witwin*, wie man mich eine Zeitlang nannte, denn bei mir kam keiner mehr an.

Im Jahr 1965 fuhr ich zu Besuch nach Deutschland, eine Freundin, die Tintschi Zeppelzauer, die ausgewandert ist, hatte mich eingeladen, und ich bekam von den Behörden die Erlaubnis und durfte reisen. Unterwegs blieb ich einen Tag in Budapest, einen einzigen Tag bei meiner Mutter, die ich jetzt zum erstenmal wiedersah, nachdem sie mich 1930 nach Oberwischau gebracht hatte. Sie hatte sich sehr verändert, war eine alte Frau geworden, hatte viel graues Haar bekommen und lebte mit einem Mann, der gerade verreist war und den ich nicht kennengelernt hab. Ich blieb einen Tag bei ihr, wir sprachen über dieses und jenes, und da erfuhr ich, daß sie keinen einzigen meiner Briefe aus dem Herbst 1943 erhalten hatte, nun war es aber sinnlos, ihr alles zu erzählen, das lag schon weit zurück, außerdem merkte ich, daß wir uns fremd geworden waren, diese Frau war nicht mehr die Mutter, an die ich so oft gedacht hatte, meine Mutter aus Klausenburg, sie war für mich eine Fremde geworden, und ich war für sie auch nicht mehr die Annku, sondern ebenfalls eine Fremde, es ist hart, was ich da sag, aber es ist wahr, und deshalb fuhr ich dann bald weiter, und meine Schwester Resi, die inzwischen in Esztergom lebt, hab ich überhaupt nicht mehr gesehn, sie ist verheiratet, und ich glaub, es geht ihr gut, mehr weiß ich nicht, und ich will auch nichts wissen.

Ich wohn allein in diesem kleinen Holzhaus, mein zweiter Mann ist vor vier Jahren gestorben, meine Buben sind verheiratet, sind weggezogen, haben Kinder, so ganz allein bin ich aber doch nicht, denn ich hab einen Hund und eine Katz. Im Alter aber braucht man einen Menschen neben sich, denn im Alter wird man einsam, und eines Tages merkt man, daß die Einsamkeit weh tut, es ist ein kleiner Schmerz, der ständig da ist und den man nicht mehr los wird, und auch die Stille tut weh, die Stille am späten Abend, wenn in der *Kuchl* die Uhr tickt und draußen im Wald der *Huhuretz* ruft, dann tut die Stille besonders weh, dann möcht man gern ein Wort hören, ein Wort von einem Menschen. Ich aber hab niemanden, mit dem ich in der Stille ein Wort wechseln kann, und ich werd sehr alt werden, das fühl ich, ich werd noch lang leben, vielleicht sogar hundert Jahre, wie die Anastasia Hobl oder andere Frauen hier im Tal, die mit hundert noch sehr munter sind. Aber was hilft es mir, wenn ich hundert Jahre alt werd, was zählen die vielen Jahre, die mir noch bevorstehn? Bei mir zählen die wenigen, die schönen, die vergangen sind, jene Jahre, als ich jeden Tag glücklich war, die acht Jahre mit Seppi Faltitschka, mit dem Rodn Seppi, dem einzigen Mann, der mich gefragt hat, ob ich ihn nehmen möcht.

Und manchmal denk ich darüber nach, was mir von meiner Kindheit geblieben ist.

Und dann merk ich, es ist nur das Gefühl einer großen Leere, in dieser Leere aber steht meine Mutter und schaut mich mit ihren traurigen Augen an, und hinter ihr steht mein Lehrer Graaner, und sonst ist alles erfüllt von der Angst, der ständigen Angst vor dem Vater, es sind die vielen hundert Nächte, in denen ich von ihm geträumt hab, die vielen Stunden, in denen ich vor Scham und Wut geweint hab ...

Und dann frag ich, was ist mir geblieben aus der Zeit nachher in Oberwischau?

Die Erinnerung an Großmutter? Nein, da hab ich schon das meiste vergessen, Gott seis gedankt, und was ich dir erzählt hab, ist wenig, sehr wenig, es war eine schlimme Zeit, aber sie wurde vergessen, als ich Seppi kennenlernte. Die acht Jahre, die dann kamen, die sind mir geblieben.

Oft denk ich, wie schlecht das doch alles eingerichtet ist im Leben, man weiß nie, wann etwas *a Eck hat*, man weiß nie, wann die schönen Tage zu Ende sind, und so lebt man dahin und freut sich nicht über jede schöne Stunde, weil man meint, das dauert lang, das geht so weiter, das nimmt kein Ende mehr.

Aber das Ende kommt, und eines Tages ist es plötzlich da, und dann ist man ganz allein, weil alle ihren Weg gegangen sind, auch die Kinder, und es ist wie im Zipser Märchen vom Vogel Schmerz: die Sehnsucht drückt so stark in der Brust, die Sehnsucht nach einem Menschen, daß man sein Herz öffnen möchte, damit sie fortfliegen kann; die Sehnsucht aber ist der Vogel Schmerz.

Die verstrichenen Jahre kann man nicht mehr zurückholen, das, was einmal war, kann man nicht noch einmal erleben, vorbei ist vorbei, sie sind weg wie das Wasser, das unbeachtet das Tal hinabgeflossen ist.

Die Erinnerung aber, die wird nicht weggeschwemmt, die ist noch da, sie ist wie ein altes Buch, in dem man immer wieder blättern kann.

Glossar

Ampr	Wassereimer
Bokantschen	Stiefel, hohe Schuhe
Botschkor	Holzschuhe
Brinsntockan	Maisbrei mit Schafskäse
Flitscherl	Flittchen
Fondi	Teufel
Fisolen	grüne Bohnen
Gwelb	Kramladen
Haapttichl	Kopftuch
Heisl	Häuschen
Hetschenpetsch	Hagebutten
Holzscheppa	Holzschaff, Bottich, Zuber
Huhuretz	Käuzchen
hutscha-marutscha	hoppe, hoppe, Reiter
Kandl	Kännchen
Kleirl	Kleid
Kotzn	Decke
Krumpirn	Kartoffeln
Kuchl	Küche
Kurwe	Hure, Dirne
Kotschanen	Maisstrünke
Kukuruz	Mais
Lawor	Waschbecken
Litzntierl	Tür zur Straße
losn	hören, zuhören
Mansr	uneheliches Kind
Matjaschfeder	Feder des Eichelhähers
Millich	Milch
Paluskes	Maisbrei, Polenta
Paradeisstangl	Bohnenstange
pastudiern	etwas überdenken
Peisl	Wirtshaus
Pengö	ungar. Geldwährung
Pifflfisoln	Büffelbohnen
Pinkerl	Säckchen; kleiner Junge, kleiner Mann

Pixn	Büchse; weibliche Scheide
Prerl	Brett
Puschfisolen	Buschbohnen
pussen	küssen
Putzl	kleiner Junge
Reindl	Schmortopf
Ripplprerl	Waschbrett
Rußnake, Rußnakin (Rußnatschka)	Ruthene, Ruthenin (Ukrainer, Ukrainerin)
schiech	häßlich
Schratt	dämonisches Wesen
Schopfen	Schuppen
Ssangl	Lied
Staraja	alte Waldhexe
Stiebele	Stüblein
Tajbu	Teufel
Tepfl	Töpfchen
Teppa	Töpfchen
Tetschn	Ohrfeige
Tockan	Maisgericht
Tockn	Puppe
Tschender	Polizist, Gendarm
Tschokolom	Küß-die-Hand (Grußform)
urgln	jaulen, heulen
Zichtin	Sau

Frauensachen

Christa Rotzoll:
Frauen und Zeiten
Portraits
dtv 11352

Régine Pernoud:
Christine de Pizan
Das Leben einer außergewöhnlichen Frau und Schriftstellerin im Mittelalter
dtv 11192

Esther Vilar:
Der dressierte Mann
Das polygame Geschlecht
Das Ende der Dressur
dtv 10821

Frauen berichten vom Kinderkriegen
Hrsg. von Doris Reim
dtv 10242

Nancy Friday:
Eifersucht
dtv 11020

Roswitha Fröhlich:
Ich und meine Mutter
Mädchen erzählen
dtv 11194

Angelika Grauer/
Peter F. Schlottke:
Muß der Speck weg?
Der Kampf ums Idealgewicht
dtv 10808

Yue Daiyun:
Als hundert Blumen blühen sollten
Die Odyssee einer modernen Chinesin
dtv 11040

Dacre Balsdon:
Die Frau in der römischen Antike
dtv 11042

Das neueste Emma-Buch
Herausgegeben von Alice Schwarzer
Mit Zeichnungen von Franziska Becker
dtv 11375

Kate Millett:
Sita
Geschichte einer Frauenbeziehung
dtv 11086

Kate Millett:
Im Basement
Meditationen über ein Menschenopfer
dtv 11193

Gisela Brinker-Gabler/
Karola Ludwig/
Angela Wöffen:
Lexikon deutschsprachiger Schriftstellerinnen von 1800 bis 1945
dtv 3282

Dorothee Sölle:
Und ist noch nicht erschienen, was wir sein werden
Stationen einer feministischen Theologie
dtv 10835